38만 구독자가 열광한 저탄수화물 다이어트 레시피

한 달 반 만에 9kg 감량
운동 없는 맛불리 다이어트

Collect
10

38만 구독자가 열광한 저탄수화물 다이어트 레시피
한 달 반 만에 9kg 감량 운동 없는 맛불리 다이어트

1판 1쇄 인쇄 2021년 8월 10일
1판 1쇄 발행 2021년 8월 23일

지은이 맛불리
발행인 김태웅
기획·편집 김지수, 하민희
디자인 design KEY **교정·교열** 박성숙
사진 박형주(율스튜디오) **푸드스타일링** 오정화
마케팅 총괄 나재승
마케팅 서재욱, 김귀찬, 오승수, 조경현, 김성준
온라인 마케팅 김철영, 임은희, 장혜선, 김지식
인터넷 관리 김상규
제작 현대순
총무 안서현, 최여진, 강아담
관리 김훈희, 이국희, 김승훈, 최국호
발행처 ㈜동양북스
등록 제2014-000055호
주소 서울시 마포구 동교로22길 14(04030)
구입 문의 전화 (02)337-1737 **팩스** (02)334-6624
내용 문의 전화 (02)337-1734 **이메일** dybooks2@gmail.com

ISBN 979-11-5768-737-4 13590

38만 구독자가 열광한 저탄수화물 다이어트 레시피

한 달 반 만에 9kg 감량
운동 없는 맛불리 다이어트

맛불리 지음

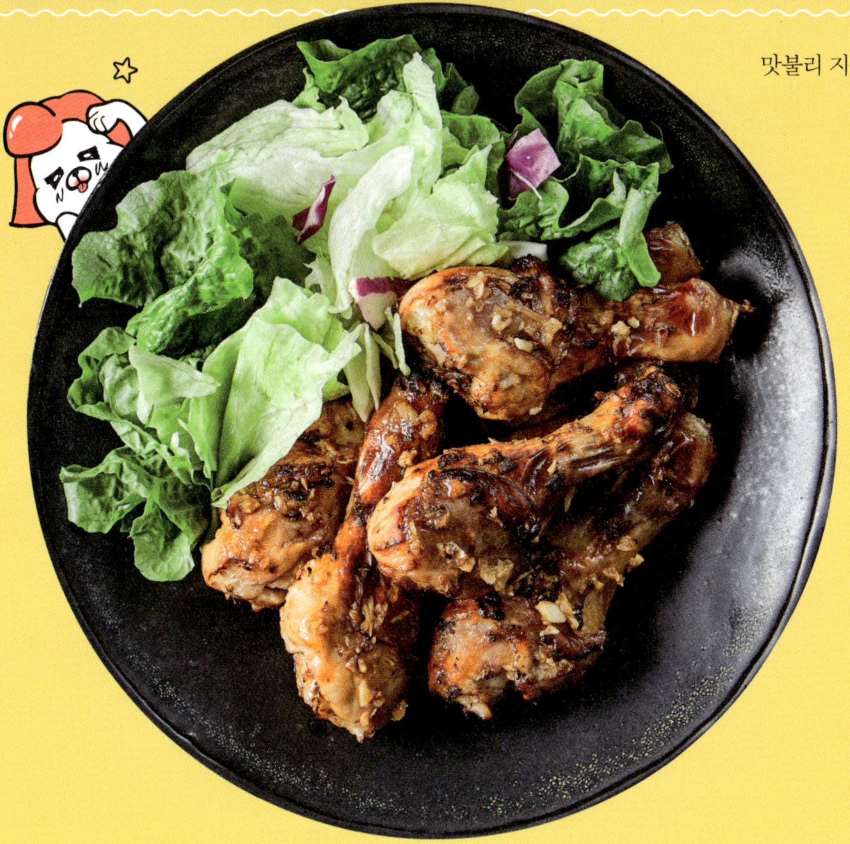

동양북스

후다닥!

빨간 대문에서 누군가가 갑자기 뛰쳐나온다. 토실토실한 분홍색 단발머리에 턱살이 두툼한 여인이다. 급히 나오는 바람에 문에 걸려 넘어질 뻔했는데도 마치 이런 일은 일상이라는 듯 빠르게 자세를 가다듬는다.

분홍 머리   저기요!

누군가를 향해 목소리를 낸다. 지나가던 행인은 그녀가 자신을 부른다는 걸 모르는 듯 무심히 갈 길을 간다. 다급해진 분홍 머리는 지나가는 행인의 관심을 끌기 위해 더 크게 불러보고 춤도 춰보고(?) 돌도 던져보며 호들갑을 떨더니 이내 포기하고 발걸음을 재촉한다. 그러고는 다짜고짜 행인의 어깨를 탁 붙잡는다.

분홍 머리   어서 와요! 이런 다이어트, 혹시 처음이에요?
행인   네?

행인은 낯선 이가 갑자기 뒤에서 붙잡으니 당황하는 기색이다. 그는 상황을 이해하는 데 잠시 시간이 필요한 듯했지만 곧 정신을 차리고 그녀를 위아래로 훑어본다. '아!' 행인은 방금 지나온 가게가 떠오른다. 대문이 빨간색인 가게의 큼직한 아치형 창문 안으로 보였던 출렁이는 분홍색 단발머리. 그 가게의 주인인 듯하다. 그곳은 카페 같아 보였는데 간판에는 "다이어트 레시피"라고 적혀 있어 잠시 흥미를 갖고 기웃거렸다.

행인이 보기에 그곳은 조금 이상했다. 간판에는 "다이어트 레시피"라고 적혀 있는데 안에서 만들어내는 요리는 치킨, 피자, 커다랗고 괴기스러운 만두, 로제크림 리소토…. 엥? 누가 봐도 다이어트와 거리가 먼 메뉴였기에 행인은 눈을 가늘게 뜨고 그곳을 그대로 지나쳤다.

가게 유리창 너머 여자와 잠시 눈을 마주친 게 화근이었을까. 이렇게 헐레벌떡 자신을 쫓아올 줄은 몰랐던 행인은 이상한 사람과 엮이기 싫어 자신의 어깨에서 그녀의 손을 빠르게 털어낸다.

행인　　　　뭐예요? 왜 그러시죠?

급히 쫓아오느라 거친 숨을 내뱉는 분홍 머리. 크게 숨을 고르고는 미간을 잔뜩 찌푸린 행인의 표정을 잠시 살피는 척하더니 아랑곳하지 않고 말을 이어나간다.

분홍 머리　　안녕하세요! 증명 다이어터 맛불리입니다!

행인　　　　그런데요?

맛불리　　　저랑 눈 마주치셨죠? 그때 알았어요. 당신이 다이어트에 관심이 있고, 제가 만든 음식들을 의심하고 있다는 것을요.

행인　　　　아, 뭐. 그러긴 했죠. 그런데 그 말하려고 뛰어오신 거예요?

맛불리　　　여기 서 계시지 말고 일단 들어와서 드셔보세요. 맛은 나쁘지 않을 거예요.

행인　　　　치킨이랑 피자가 맛이 없을 리가 없죠. 그런데 그런 음식들은 칼로리가 높잖아요. 제가 왜 당신의 말을 믿어야 하죠?

맛불리　　　네, 의심스러운 마음은 충분히 이해해요. 하지만 저는 이 음식들을 만드는 원리로 운동 없이 체중을 21kg이나 감량했어요. 제 음식을 먹고 살을 뺀 수많은 다이어터가 그것을 증명하고 있다고요!

행인은 뜬금없이 자신을 소개하는 맛불리를 이상하게 여기면서도, 정체불명의 음식들로 체중 감량에 성공한 사람이 많다는 말에 솔깃하지 않을 수 없다.

'의심스러운 것투성이지만, 그녀의 말이 사실이라면 매번 배고프게 다이어트하다 실패한 나도 쉽게 살을 뺄 수 있지 않을까?'

맛불리는 이런저런 생각들로 한층 부드러워진 행인의 미간을 보고는 자신감에 찬 표정을 짓는다. 행인의 오른손을 공손히 포개어 잡으며 눈을 한 번 반짝이고는 빨간 대문이 있는 곳으로 이끈다. 행인은 의심 반 기대 반, 복잡한 마음이 들었지만 오늘은 바쁘지 않으니 잠시 시간을 내어 그곳을 한번 들여다보기로 마음먹는다.

맛불리　　**들어오세요!**

맛불리는 '짜잔~'을 외치는 듯한 표정을 지으며 행인을 요란하게 맞이한다. 거의 반 강제로 끌려 들어온 행인은 창문 밖에서는 볼 수 없었던 내부를 자세히 살펴본다. 가장 먼저 오른쪽 벽에 걸린 회색 칠판이 눈에 들어온다. 그곳에는 거친 필체로 큼직하게 식사 규칙이 쓰여 있다. 왼쪽에는 계산을 하는 카운터와 음식이 진열된 유리 진열장이 있는데 그 위에는 맛불리가 자신의 다이어트를 기념하는 듯한 다이어트 '비포–애프터' 사진이 고풍스러운 금빛 액자에 걸려 있다. 카운터 뒤쪽 벽에는 메뉴판 대신 맛불리가 음식을 만드는 모습이 대형 스크린에 재생되고 있고, 매장 안에서 몇몇 사람이 그걸 보며 직접 요리를 하고 있다. 아, 여기는 카페가 아니라 쿠킹 클래스인가? 그러기엔 요리 영상 속 맛불리는 내내 재료를 흘리고 실수하고 있는데, 개그물인가?

맛불리　　**여기 계신 분들은 제 레시피로 직접 만들어 드시고 감량도 하셔서 자주 오는 단골손님들이세요! 이분들도 처음에는 당신과 같은 눈빛으로 저를 바라보았죠.**

행인은 코를 쓱 닦으며 머쓱해하는 맛불리와 매장 안의 손님들을 번갈아 바라보며 상황을 파악해본다. 그러던 중 요리를 만들어 먹던 한 손님이 갑자기 "JMT!"를 외치는 바람에 놀라긴 했지만, 무척이나 행복해하는 손님의 모습을 보니 이곳이 점점 더 궁금해진다.

행인   그러니까 이 치킨도, 피자도 다이어트 음식이라는 거죠?

맛불리   맞아요! 몇 가지 식사 규칙과 살이 찌지 않는 조합으로 재료를 선정하면 배부르게 먹으면서 다이어트를 할 수 있어요.

행인   음…. 좀 복잡하군요.

맛불리   처음에는 그렇게 생각하실 수 있어요. 하지만 요리마다 겹치는 재료가 많아서 몇 가지 음식을 만들다 보면 금방 요령이 생길 거예요!

행인   좋아요. 속는 셈 치고 한번 만들어보죠. 어떻게 하면 되죠?

맛불리   자, 그럼 이쪽으로 오시죠!

그렇게 행인은 책 속으로 빨려 들어가는데….

이 책에는 강력한 주술이 걸려 있습니다.
레시피와 식사법을 숙지해 식사를 완료하면 살이 술술 빠지는 마법이지요.
맛있고 배부르게 살 빼고 싶은 당신을 위한 안내서! 지금부터 시작합니다!

PART 1

외식 공격과 요리 지옥으로부터 탈출! 5일치 밀프렙

PART 2

귀찮은 날도
다이어트는 계속된다

PART 3

저녁 식단 고민 끝!

PART 4

진짜
다이어트 음식
맞아요!

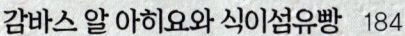

부록 ∼∼∼∼∼∼∼∼∼∼∼∼∼∼∼∼∼∼∼∼∼

배달 음식이
간절할 때
타락 식단

자주 받는 질문들로 정리한
맛불리 다이어트의 핵심

〈맛불리TV〉는 탄수화물(당질) 섭취를 제한하고 단백질과 지방은 적절히 이용하는 저탄수화물 다이어트 채널입니다. 맛불리의 레시피들은 맛불리가 눈물 콧물 흘리며 수많은 다이어트 음식을 경험한 결과, '운동 없이 맛부르게' 감량에 성공한 원리로 구성한 다이어트 식단들이에요.

많이 알려진 다이어트 방법으로는 덴마크 다이어트, 황제 다이어트, 원푸드 다이어트, 과일 다이어트, 비건 다이어트 등이 있는데, 가장 많이 시도해보는 건 아무래도 칼로리 제한 다이어트일 거예요. 아시겠지만 칼로리 제한 다이어트는 무슨 음식을 먹든 간에 하루 권장 칼로리보다 적게 섭취해 체중을 줄이는 방법이에요. 지금 이 책을 보고 계신 분들 중 저칼로리 다이어트를 단 한 번도 안 해본 분은 아마 없지 않을까 싶어요.

그러나 이제 칼로리는 잊으세요. 맛불리 다이어트에서는 칼로리가 중요하지 않거든요! 맛불리 다이어트의 핵심은 저칼로리가 아닌 탄수화물 함량이 낮은 식사로 감량하는 '저탄수화물 다이어트'입니다.

Q. 저탄수화물이 뭐죠?

영양소에 대해 잘 모르더라도 우리 몸에 꼭 필요한 3대 영양소인 탄수화물, 단백질, 지방에 대해서는 한 번쯤 들어보셨을 거예요. 맛불리 레시피는 3대 영양소 중 탄수화물을 적게 섭취하는 것이 목표예요. 이 책에서 소개하는 레시피들은 무엇보다도 순탄수화물(당질) 성분이 적은 재료를 선정하는 것이 핵심인데, 탄수화물 부족으로 느끼는 허기나 모자란 에너지는 양질의 단백질과 지방이 있는 재료로 구성해 포만감을 느낄 수 있게 합니다. 저탄수화물 음식은 순탄수화물을 정말 극미량만 사용해서 만든다고 이해하면 좋아요.

Q. 왜 탄수화물이 많은 재료를 제한해야 하나요?

순탄수화물(당질)은 우리 몸에 쉽게 흡수되는 단순한 구조일수록, 섭취량이 많을수록 살이 찌기 아주 쉽고 배고프게 만듭니다. 탄수화물, 단백질, 지방 중 다이어트에 불리한 조건이 가장 많아요. 다만 식이섬유만은 예외입니다. 탄수화물이라고 다 같지는 않아요. 식이섬유는 탄수화물로 분류되지만 당질 흡수를 낮춰주고 포만감을 오랜 시간 동안 유지시켜줍니다. 그러므로 당질은 제한해야 하지만 식이섬유는 다이어트에 큰 도움이 되므로 드셔도 좋아요!

영양 성분

서빙 사이즈	**100 g**
칼로리	**92 kJ**
	22 kcal
탄수화물	**3.28g**
설탕당	1.65g
단백질	**3.09g**
지방	**0.34g**
포화지방	0.05g
다불포화지방	0.16g
불포화 지방	0g
콜레스테롤	0mg
식이섬유	1g
나트륨	5mg
칼륨	318mg

총탄수화물 3.28g

−식이섬유 1g

=당질 2.28g

Q. 그러면 순탄수화물을 아예 먹지 말아야 할까요?

그렇지 않아요. 무탄수화물 식사를 지속하면 영양의 균형이 깨질 수 있어요. 균형이 깨지면 몸에 무리가 오거나 각종 이상 증상이 발현될 수 있기 때문에 소량의 순탄수화물은 꼭 드셔야 합니다.

Q. 지방을 먹으면 살찌는 것 아닌가요?

흔히 지방이 가장 살을 찌우는 영양소라고 생각하지만 사실 꼭 그렇지는 않아요. 우리 몸은 그렇게 단순하게 작동하지 않거든요. 지방도 우리 몸의 균형을 무너뜨려 살을 찌우는 것이 있고, 정상적으로 작동시켜 살이 빠지게 하는 것이 있답니다. 지방을 먹으면 무조건 살찐다는 편견은 버리셔도 좋습니다.

Q. 아까 운동 없는 다이어트라고 했는데, 왜 그런가요?

운동을 하지 말라는 뜻은 아닙니다. 우리가 생활에서 쉽게 접하는 TV 프로그램이나 각종 미디어, 심지어 운동으로 감량 효과를 본 후기들까지, 오로지 운동을 열심히 해야만 지방을 태울 수 있다고 입을 모아 이야기하니 운동은 다이어트에 당연한 필수 코스라고 여기기 쉬워요. 하지만 저는 건강상의 이유로 운동을 하지 못하는 몸 상태였기 때문에 오로지 식단에 의존해 체중 감량에 성공했어요. 건강과 멋진 몸매를 가지려면 운동이 필수지만, 체중 감량은 운동 없이도 가능하다는 뜻으로 이해해주세요.

Q. 레시피 재료들을 보니 짭짤할 정도로 나트륨을 많이 쓰던데?

맛불리 다이어트에서는 식이섬유를 이용하기 위해, 식이섬유 함량이 높은 녹색을 띠는 생채소(익히거나 요리하지 않은 채소)를 곁들여 먹는 것이 기본이에요. 그런데 채소에는 나트륨을 배출시키는 칼륨이 많아 저염식을 할 경우 오히려 나트륨 부족으로 균형이 무너질 수 있어요. 너무 많이 섭취하는 것도 좋지 않지만 나트륨도 필수 영양소 중 하나라는 점을 기억해주세요. 신장 질환이 있는 경우 채소를 생으로 먹으면 독이 될 수 있으니 꼭 끓는 물에 살짝 데쳐 드세요!

맛불리 다이어트에서 가장 중요한
재료 선택 완벽 가이드

여러분은 다이어트라고 하면 제일 먼저 떠오르는 단어가 무엇인가요? 운동, 저칼로리, 샐러드, 고구마, 닭 가슴살. 네, 아직까지도 많은 분이 이 다섯 가지를 다이어트의 공식처럼 찾곤 합니다. 혹시 좋아하지도 않는 고구마나 닭 가슴살을 꾸역꾸역 드시면서 언제 살이 빠지나 하며 체중계를 오르락내리락하는 분 계시면 손들어보세요! 만약 당신이 지금 손을 드셨다면 희소식을 알려드리죠. 이제 그 물리고 배고픈 다이어트는 그만하셔도 됩니다.

맛불리는 과거에 다섯 가지 공식(?)으로 다이어트에 성공하기도 실패하기도 했어요. 20대 때는 고구마, 닭 가슴살, 운동으로 다이어트에 성공하고는 건강한 신체, 다부진 잔근육, 넘치는 에너지에 마치 내 성공 경험이 그저 정답인 양 우쭐(?)했던 흑역사가 있어요. 그러나 30대에 결혼을 하고 사는 환경과 먹는 음식이 바뀌면서 온몸에 지방이 무럭무럭 자라나기 시작했습니다. 정신을 차렸을 땐 23kg이 쪄버리면서 키 163cm에 몸무게가 70.8kg이 되었죠. 과거의 경험을 살려 다시 고구마와 닭 가슴살을 먹고 홈트를 했지만, 체중에 맞지 않는 무게와 잘못된 자세로 인해 무릎과 허리를 다치고, 배고픔을 참지 못한 채 잦은 폭식을 했어요. "다이어트는 내일부터!"를 부르짖는 것이 일상이었지요. 결국 상처뿐인 다이어트로 끝났습니다.

앞의 다섯 가지 요소로 다이어트에 성공하는 것은 매우 특별한 경우일 뿐, 실패는 의지가 부족한 게 아니라 상황이나 체질에서 오는 지극히 정상적인 결과라고 생각해요. 20대 때 맛불리는 비교적 대사가 건강한 상태에서 운동도 헬스장에서 배워서 했지만, 30대 때 맛불리는 대사가 나빠져 있는 상태인 데다가 운동 경험에만 의지해서 홈트를 했어요. 어때요? 같은 사람이지만 상황과 컨디션이 다른 상태에서 다이어트를 했을 땐 결과도 이렇게나 다르네요.

왜 많은 사람이 다이어트에 실패할까요? 아마도 자신이 처한 상황을 고려하지 않은 채 미디어에서 흔히 접하는 트레이너, 운동선수, 연예인 같은 유명인들의 성공담을 그대로 자신에게 적용했기 때문일 거예요. 다이어트와 생업이 긴밀하게 연결된 사람들이 다이어트에 투자하는 시간과 비용, 노력은 일반인과는 다를 수밖에 없어요. 대중에게 보여주는 성공담은 지극히 일부분일 뿐이고 뒤에는 더 어마어마한 노력이 숨어 있겠죠. 다른 직장이나 학업에 많은 에너지를 쏟는 사람일수록 그들의 방법과는 결이 맞지 않아요. 습관을 하루아침에 뜯어고칠 수 있다면 좋겠지만 현실은 지금 당장 한 끼만 굶어도 마카롱이 먹고 싶은 우리. 어떻게 하면 어렵지 않게 다이어트를 할 수 있을까요?

다이어터들이 공통적으로 부담감을 느끼는 요소는 '적게 먹는 것'과 '강도 높은 운동'일 거예요. 자신의 의지력을 탓하며 자포자기하기엔 일러요. 맛불리는 70.8kg이 된 이후에 운동 없이 식단만으로 21kg를 감량했으니, 운동을 병행하기 힘들다면 식단부터 바꿔보세요.

그러면 무엇을 먹어야 할까요? 네? 다이어트를 하려면 굶는 거 아니냐고요? 무작정 굶기만해서는 언젠가는 식욕이 폭발할 텐데요. 식욕은 오로지 의지력으로 이겨내야 하는 게 아닙니다. 소변을 짧은 시간은 참을 수 있지만 영원히 참을 수는 없는 것처럼, 식욕은 본능이기 때문에 무한히 참을 수 있는 것이 아니에요. 먹고 싶은 음식이 있다면 언젠가는 먹을 수밖에 없죠. 특히 비만이라면 대부분 지방 저장 호르몬인 인슐린을 포함해 몸의 대사들이 정상적으로 작동하지 않기 때문에 먹는 것을 조절하기가 더욱 어렵습니다. 이때는 먹으면 먹을수록 더욱 갈망하게 만드는 성분을 주의함으로써 식욕을 어느 정도 통제할 수 있습니다.(2019년에 출간한 책《맛불리 다이어트 연구소》에서는 인슐린을 조절하는 식사법을 소개했습니다.)

그래서 맛불리의 다이어트 레시피에서 가장 중요한 건 재료 선택입니다. 그러나 요리 재료를 살 때마다 성분을 면밀하게 분석하는 건 쉽지 않은 일입니다. 성공적인 다이어트를 위해 꼭 피해야 하는 재료와 챙겨야 하는 재료를 알려드릴게요. 다이어트를 시작하기 전에 이것만이라도 꼭 확인하세요!

맛불리가 피하는 재료

정제 탄수화물

설탕, 밀가루, 곡물가루(쌀가루, 귀리가루 등 곡식을 가공해서 만든 가루들)가 포함된 빵, 떡, 면, 쿠키, 케이크, 마카롱, 각종 소스(고추장, 쌈장, 케첩, 허니 머스터드, 굴소스 등), 튀김, 전, 피자, 단무지 등.

빵이나 국수 같은 음식으로 식사를 하면 금방 배고파집니다. 소화가 빨리 되기 때문이에요. 정제 탄수화물은 배고픔을 금방 느끼게 할 뿐만 아니라 다이어트에 치명적인 특징도 가지고 있습니다. 분자 구조가 복잡한 탄수화물일수록 우리 몸이 스스로 소화를 시키며 혈당이 천천히 오르고 포만감이 오래도록 유지됩니다. 자연적인 탄수화물은 대부분 복합 탄수화물로 이루어져 있죠. 하지만 복합 탄수화물에 열을 가하거나, 껍질을 벗겨 식이섬유를 제거하거나, 갈아서 입자를 곱게 만드는 등의 과정을 거치면, 분자 구조가 단순해지면서 섭취했을 때 우리 몸이 스스로 음식물을 분해하고 흡수할 수 있는 기회가 없어집니다. 별다른 대가를 지불하지 않고 쉽게 흡수되는 에너지인 만큼 과잉 섭취하기가 너무나도 쉬우며, 지방으로도 쉽게 쌓입니다. 진짜 문제는 식욕을 샘솟게 만든다는 거예요. 순수한 당에 가까워질수록 빨리 흡수되어 소화기관에 머무는 시간이 짧아 포만감도 금방 사라집니다. 혈당이 빠르게 오르고, 지방 저장 호르몬 분비가 촉진되고, 그 후 혈당이 빠르게 떨어지면서 또다시 무언가 먹고 싶어집니다. 불행히도 이 악순환이 반복될수록 끝없이 식욕 통제가 어려워지기 때문에 적어도 식욕 통제가 가능해질 때까진 과감히 정제 탄수화물과 이별하는 게 좋습니다.

푹 익힌 뿌리채소

감자, 고구마 등.

뿌리채소에는 다소 많은 양의 당질이 포함되어 있습니다. 익히면 익힐수록 식이섬유가 당질화되면서 당의 비율이 매우 높아지기 때문에 다이어트에 점점 불리해집니다. 그런 의미에서 뿌리채소를 대표하는 고구마는 다이어트 음식으로 알려져 있지만 익히는 정도에 따라 오히려 살찌는 음식이 되어버릴 수 있는 것이죠. 20대 때 삶은 고구마 식단으로 감량에 성공한 적이 있는데, 이는 고구마로 감량에 성공했다기보다 고구마 1개와 샐러드를 먹으며 굶주림을 이겨내는 초절식 다이어트를 한 셈이에요. 고구마는 생으로 먹어야 식이섬유도 더 많이 섭취할 수 있고 포만감도 오래가서 다이어트 효과를 얻을 수 있기 때문에 고구마를 좋아하지 않는다면 다른 음식을 먹는 것이 더 효율적입니다. 억지로 찾아 먹을 필요 없어요. 만약 익힌 고구마를 너무 좋아해서 포기할 수 없다면 탄수화물 섭취량을 꼭 조절하되 구운 고구마만큼은 피하는 게 좋습니다. 구운 고구마는 혈당을 정말 빠르게 올리거든요.

트랜스 지방

마가린, 쇼트닝 등.

식물성 지방이라고 하면 어떤 느낌이 드나요? 식물성이라니 왠지 자연적일 것 같고, 식물에서 유래되었으니 몸에도 좋을 것 같지만, 아닙니다. 과자나 빵을 구울 때 사용하는 마가린이나 쇼트닝은 식물성 기름을 인위적으로 고체화시키는 과정에서 트랜스 지방이 발생하는데, 트랜스 지방은 몸에서 배출도 잘 안 되고 건강과 비만에 직접적인 영향을 미칩니다. 단 1g이라도 먹으면 우리 몸에 매우 해가 되는 지방인 만큼 되도록 먹지 않는 것이 좋아요. 같은 의미에서 휘핑크림이나 치즈도 '식물성'이 포함된 경우가 있으니 성분을 주의 깊게 살펴보는 게 좋겠습니다.

오메가6

콩기름, 옥수수유, 해바라기유, 참기름 등.

오메가6와 오메가3는 우리 몸에 꼭 필요한 성분이에요. 그런데 오메가3는 다이어트에 도움이 되는 요소가 많은 반면, 오메가6는 많이 섭취하면 비만의 직접적인 원인 중 하나로 볼 수 있는 염증의 원인이 됩니다. 오메가3는 우리가 일부러 찾아서 섭취해야 할 만큼 평소에 많은 양을 접하기 힘들지만, 오메가6는 곡물 사료를 먹여 사육한 소의 고기뿐만 아니라 그 소를 통해 얻은 유제품에도 많이 함유되어 있습니다. 콩기름, 옥수수유, 해바라기유, 참기름 등 마트에서 흔히 볼 수 있는 식물성 기름에도 존재하기 때문에 신경 쓰지 않으면 많이 먹게 됩니다.

산화된 기름

거의 모든 음식에는 비율의 차이일 뿐 불포화지방과 포화지방이 섞여 있습니다. 보통 식물성 기름은 불포화지방 비율이 더 높고 동물성 기름은 포화지방 비율이 더 높아요. 단, 코코넛 오일은 식물성이지만 포화지방 비율이 더 높답니다. 그런데 포화지방과 불포화지방, 여러분은 어떻게 알고 계신가요?

맛불리는 식재료를 공부하기 전에는 포화지방은 흡수되어 살을 찌우고, 불포화지방은 흡수되지 않아 살을 찌우지 않는 기름인 줄 알았지 뭐예요. TV에 나오는 전문가들 말이 그러하니 그런가 보다 했어요. 그런데 지방은 우리 몸에 그렇게 단순하게 작용하지 않더라고요. 우리가 중요하게 여겨야 할 점은 포화지방과 불포화지방이 살을 찌우는지의 여부가 아니라 이용 방법입니다.

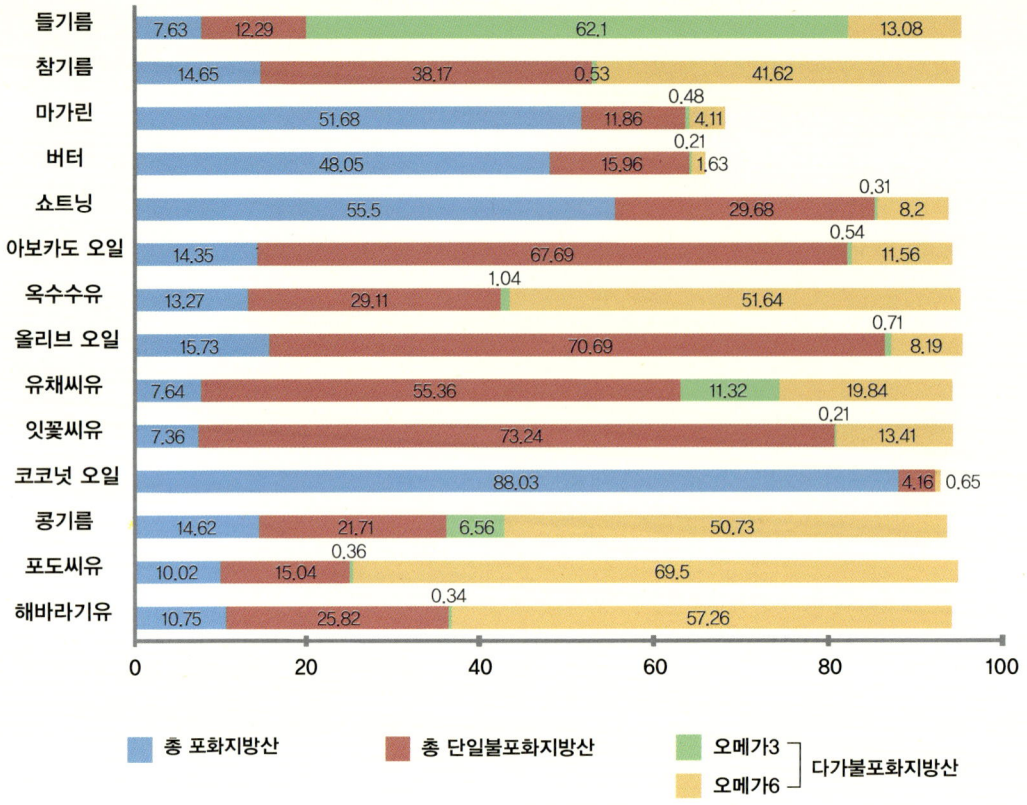

	총 포화지방산	총 단일불포화지방산	오메가3	오메가6
들기름	7.63	12.29	62.1	13.08
참기름	14.65	38.17	0.53	41.62
마가린	51.68	11.86	0.48	4.11
버터	48.05	15.96	0.21	1.63
쇼트닝	55.5	29.68	0.31	8.2
아보카도 오일	14.35	67.69	0.54	11.56
옥수수유	13.27	29.11	1.04	51.64
올리브 오일	15.73	70.69	0.71	8.19
유채씨유	7.64	55.36	11.32	19.84
잇꽃씨유	7.36	73.24	0.21	13.41
코코넛 오일	88.03	4.16		0.65
콩기름	14.62	21.71	6.56	50.73
포도씨유	10.02	15.04	0.36	69.5
해바라기유	10.75	25.82	0.34	57.26

다가불포화지방산

주요 유지류 지방산 함량 비교(100g당)
출처. 식품의약품안전처 식품영양성분 데이터베이스(2021.6.24.)

맛불리가 주로 사용하는 포화지방은 양질의 기버터와 코코넛 오일이고 열을 가할 때 씁니다. 포화지방은 안정된 구조를 이루고 있어 온도 변화에 둔감하기 때문에 가열해도 산화가 덜해요. 반면에 불포화지방은 구조가 불안정해 온도와 습도, 빛에 아주 예민하기 때문에 가열하면 쉽게 산화된답니다.

문제는 산화된 기름은 노화와 염증의 원인이 된다는 거예요. 염증이 많은 사람일수록 비만의 위험에 노출되기 때문에 건강과 다이어트를 원한다면 절대 간과해서는 안 됩니다. 그래서 맛불리는 불포화지방 함량이 높은 아보카도 오일이나 올리브 오일은 서늘한 곳에 보관하고 열을 가하지 않습니다. 생식하거나 드레싱으로 뿌려 먹고 있어요.

아보카도 오일은 발연점이 높아요. 하지만 발연점이 높은 것과 오일이 산화되는 것을 헷갈려서는 안 됩니다. 발연점은 기름에 열을 가했을 때 연기가 나기 시작하는 온도일 뿐 산화되지 않는다는 뜻은 아닙니다. 다만 아보카도 오일과 올리브 오일은 불포화지방산 중에서도 구조가 매우 불안정한 '다가불포화지방산' 비율은 적고 비교적 구조가 안정적인 '단일불포화지방산'의 비율이 높아요. 그래서 전문가에 따라 달걀 프라이 정도의 가열은 상관없다는 의견도 있지요. 이 부분은 여러분의 선택에 맡기겠습니다.

우리가 일상에서 산화된 기름을 가장 많이 접하는 경우는 튀김이 아닐까 싶습니다. 튀김은 보통 저렴한 콩기름을 사용하고 고온으로 가열하기 때문에 산화되기 쉽거든요. 콩기름처럼 오메가6도 많고 산화되기 쉬운 다가불포화지방을 열을 가할 때 사용하면 염증의 원인이 되겠죠. 거기에 곡물 사료를 먹인 고기와 정제 탄수화물인 튀김가루까지 활용한다면 정말 살이 찔 수밖에 없는 음식이 될 겁니다. 보통 이런 기름을 튀기거나 굽는 불 요리에 활용하니 기름을 먹으면 살이 찐다는 공식이 생길 수밖에요.

유화제

유화제는 물과 기름처럼 잘 섞이지 않는 액체를 혼합시키는 역할을 합니다. 치즈, 크림 같은 유제품이나 크리미한 음료 제품 성분을 자세히 보면 유화제가 들어 있는 경우가 제법 많습니다. 유화제는 염증을 일으키거나 장 건강을 좋지 않게 합니다. 염증과 장 건강 모두 비만과 밀접한 관계가 있기 때문에 제품에 표시된 원재료를 꼼꼼히 확인해볼 필요가 있습니다.

유전자 변형(GMO) 성분

유전자 변형 성분에 대해서는 문제가 있다 없다 논란이 많습니다. 맛불리의 생각은 '조심해서 나쁠 것 없다'입니다. 그래서 구할 수만 있다면 NON-GMO 제품을 고르려고 노력해요. 그런데 국내 제품은 대부분 GMO 표기가 없기 때문에 구하기가 까다로워서 몇 가지 특정 재료들은 해외 배송으로 구매하기도 합니다.

인공감미료와 천연감미료

인공감미료로는 수크랄로스, 아스파탐, 사카린 등으로 다이어트 식품 중 제로 칼로리 소다, 노 슈거 케첩 등에 들어 있습니다. 인공감미료 또한 논란이 많아요. 인공감미료를 반대하는 전문가들은 인공감미료가 설탕과 유사한 대사 장애를 유발해 전반적으로 건강하지 않은 대사를 유도하고 인슐린에도 영향을 미친다고 주장하는 반면, 인공감미료를 찬성하는 많은 전문가는 인공감미료가 다이어트에 좋은 영향을 미친다고 주장합니다. 그럼 에리스리톨이나 스테비아 같은 천연감미료는 어떨까요? 아쉽게도 천연감미료 또한 단맛을 더 갈망하게 만들어 폭식의 위험을 높일 수 있다는 부정적인 의견이 있습니다. 하지만 역시 천연감미료 활용을 적극적으로 권장하는 전문가도 있죠.

맛불리는 스테비아와 에리스리톨을 먹은 후 식욕이 급증하는 것을 체험했기 때문에, 다이어트 중에 먹는다고 하면 도시락 싸들고 다니며 말리고 싶은 심정이에요. 실제로 〈맛불리TV〉에 감미료 먹고 식욕이 폭발했다는 경험담을 댓글로 달아주신 분이 많습니다. 반면에 "난 감미료 먹고 살 잘 뺐는데요? 식욕이 샘솟지 않던데요?"라고 달아주신 분도 많죠.

맛불리가 생각하는 진짜 문제는 여러 사람의 성공담과 장점만 보고 무조건 좋은 것으로 오인해 과용하는 거예요. 감미료 사용은 타인의 후기에 좌지우지될 것이 아니라, 자신의 몸이 감미료에 과민하게 반응하는지 관찰하며 컨디션에 따라 깊이 생각해봐야 할 문제인 것 같습니다.

아질산나트륨과 셀러리 분말

아질산나트륨은 WHO 지정 1군 발암물질로 보통 가공육 제품에 첨가되어 있습니다. 햄, 베이컨 같은 제품들요. 아질산나트륨을 극소량만 첨가해도 제품의 색이 좋아지고 보존 기간도 길어져요. 하지만 단 몇 그램만으로도 건강에 치명적으로 나쁜 영향을 끼칩니다. 간혹 아질산나트륨을 뺐다며 '무(無)아질산나트륨'이라고 표기한 제품 중 '셀러리 분말'을 첨가한 경우가 있습니다. 왠지 건강할 것 같은 이름이지만 아쉽게도 셀러리 분말은 체내에서 아질산나트륨과 유사한 역할을 합니다. 그래서 맛불리는 가공육을 먹고 싶을 땐 아질산나트륨이나 셀러리 분말이 들어 있지 않고 탄수화물이 적게 첨가된 제품을 고르며 자주 섭취하지 않습니다.

맛불리가 권하는 재료

녹색 잎 생채소(식이섬유)

맛불리가 가장 중요하게 생각하는 것이 바로 생채소입니다. 살이 빠지게 만드는 일등공신인 '식이섬유'와 '포만감'을 동시에 선사하기 때문이죠. 정제 탄수화물은 소화기관에 머무를 틈도 없이 빠르게 흡수된다면, 식이섬유는 사람이 소화하기 어려운 난소화성 다당류로 우리 몸이 스스로 소화를 하다가 하다가 다 하지 못하고 배출되어버리기까지 합니다. 소화기관에 오래도록 남아서 포만감을 유지시킬 뿐만 아니라 당질 흡수도 어느 정도 억제시켜주고 혈당도 천천히 높이지요. 요약하자면 살도 빠지고 식욕도 통제할 수 있게 도와준다는 겁니다. 맛불리도 녹색 잎 생채소를 먹은 날과 먹지 않은 날의 감량이 크게 차이나는 것을 경험했습니다.

하지만 주의할 점도 있어요. 굳이 채소라고 표현하지 않고 '녹색 잎 생채소'라고 강조한 이유는 모든 채소에 식이섬유가 풍부한 것은 아니기 때문입니다. 채소를 데치거나 익히면 식이섬유가 파괴되어 효과가 떨어질 수밖에 없고, 고구마와 감자 같은 뿌리채소는 식이섬유뿐만 아니라 당질이 많이 포함되어 있어요. 앞서 언급한 것처럼 뿌리채소를 익혀 먹으면 식이섬유가 파괴되어 당질 흡수가 더 잘될 수밖에 없는 거죠. 영양소 차이도 있어요. 녹색 잎채소는 대부분 당질이 낮고 식이섬유 비율이 높으며, 비타민과 염증을 줄여주는 항산화 성분이 포함되어 있습니다. 그러므로 배 터지게 양껏 먹어도 좋아요. 물론 빨간색 채소, 노란색 채소에도 많은 영양소와 식이섬유가 포함되어 있지만 녹색 잎채소보다는 비교적 당질이 있는 편이기 때문에 당질 함량을 확인해서 양을 조절할 필요가 있습니다.

채소가 너무너무 싫다고요? 사실 맛불리도 그랬던 시절이 있어서 이해해요. 한국인의 밥상에서 생채소가 올라오는 경우는 쌈채소나 비빔밥 고명 정도일 거예요. 어렸을 때부터 채소는 나물 반찬으로만 접했는데 갑자기 생채소를 먹으려면 손이 잘 가지 않는 것도 당연하죠. 이럴 땐 녹색 잎 생채소를 잘게 다져 비비면 먹기에 훨씬 편합니다. 부드러운 상추나 깻잎부터 시작해보면 차츰 익숙해지면서 샐러드도 먹을 수 있게 됩니다.

하지만 생으로 먹으면 위험한 잎채소도 있어요. 바로 시금치입니다. 우리가 흔히 먹는 견과류나 채소에는 대부분 소량의 옥살산이 함유되어 있는데, 옥살산염은 신장 질환이 있거나 장 관련 질환이 있을 때 먹으면 좋지 않습니다. 특히 시금치에는 어떤 채소보다 압도적인 양의 옥살산염이 함유되어 있어요. 건강한 사람도 장기적으로 생시금치를 먹으면 위험할 수 있습니다. 시금치는 꼭 끓는 물에 살짝 데쳐 물은 모두 버리고 깨끗한 물에 헹궈 드세요.

신장 질환 가족력이 있는 경우에도 옥살산 섭취에 주의하는 것이 좋고, 장 관련 질환이 있을 때는 옥살산염과 과도한 식이섬유 섭취가 염증을 가중시킬 수 있습니다. 이럴 때는 생채소보다는 끓는 물에 살짝 데친 채소를 먹는 게 좋습니다. 다만 채소를 너무 푹 익히면 영양분과 식이섬유가 파괴되니 주의해야 해요.

오메가3가 풍부한 기름

오메가3는 염증을 줄여줘 건강뿐 아니라 다이어트에도 유리한 작용을 하지만 평소에 음식으로 충분한 양을 섭취하기엔 다소 어려움이 있습니다. 그래서 일부러 챙겨 먹는 게 중요해요. 들기름은 어떤 기름보다 오메가3가 풍부하고 음식과 함께 먹기에도 좋습니다. 다만 마트에서 쉽게 구매할 수 있는 들기름 중 깨를 볶아서 짠 것은 고소한 맛은 강하지만 깨를 볶는 과정에서 산화가 시작돼요. 그래서 저는 냉압착 생들기름을 권합니다. 가격이 비싸고 향이 약해서 일반 들기름의 풍미를 느낄 수 없다는 것이 단점이에요. 카놀라유는 오메가3가 풍부하긴 하지만 국내 수입량의 절반가량을 차지하는 캐나다산 카놀라의 80%는 유전자 변형(GMO) 성분이라는 이슈가 있습니다.

유기농 식품

많이 먹는 것만이 살이 찌는 이유는 아니에요. 영양의 균형이 맞지 않아 몸이 정상적인 대사를 하지 못하면서 살이 찌는 경우가 생각보다 많습니다. 혹시 '나는 별로 많이 먹지도 않는데 왜 살이 찌는 거지?'라는 생각이 든다면 자신이 먹는 음식들이 과연 신체를 건강하게 유지할 수 있는 영양이 충분한지 의심해보세요. 정상 대사를 방해하는 것 중 하나가 바로 농약입니다. 농약을 친 식재료는 다이어트에 직접적인 영향을 주지는 않지만 체내에 쌓이면서 우리 몸이 정상적으로 대사하도록 만드는 영양분 흡수를 방해합니다. 그래서 맛불리는 가능한 한 유기농 제품과 채소를 먹어요. 유기농이 없다면 무농약이라도요.

적절한 나트륨

과한 나트륨 섭취는 독이 됩니다. 하지만 과한 저염식도 독이 됩니다. 저염식 다이어트를 하면 체중이 금방 빠지는데, 사실은 살이 빠진 것이 아니라 수분이 빠졌을 가능성이 높습니다. 나트륨은 우리 몸에서 수분을 붙잡고 있는 역할을 하기 때문에 나트륨이 배출되면 수분도 함께 빠져나가고, 수분이 과도하게 빠져나가면 체내에 필요한 혈액의 삼투질 농도가 낮아져 어지럼증이 생길 수 있습니다. 나트륨은 정상적인 대사에 꼭 필요한 영양소 중 하나이며, 특히 맛불리 식단은 나트륨을 배출하는 채소를 많이 섭취하기 때문에 나트륨을 적절히 사용할 필요가 있습니다.

고기와 생선

저탄수화물 다이어트를 하면서 탄수화물 섭취를 줄이면 그 자리를 대체하는 무언가가 있어야 배부른 다이어트를 할 수 있습니다. 맛불리는 식이섬유와 단백질, 지방을 적절히 포함해 포만감 있는 식단을 완성해요. 고기나 생선에는 대부분 탄수화물이 거의 없고 단백질과 지방이 주를 이루는데, 좋은 환경에서 키운 동물일수록 항생제 없이 좋은 영양분을 풍부하게 섭취하며 건강하게 자라납니다. 이런 동물의 고기가 다이어트에도 좋은 영향을 주죠. 하지만 구하기 쉽지 않을 땐 일반적인 고기를 병행해도 좋습니다.

씹을 수 있는 음식

아무리 저탄수화물이고 권할 만한 성분이 가득하다 해도, 액체 형태로 마셔버리는 음식은 식단에 잘 포함하지 않아요. 예를 들면 국물이나 단백질 셰이크 같은 음식입니다. 우리 몸은 저작 활동을 통해 음식이 들어왔다는 신호를 뇌로 보내고 그 과정에서 포만감을 얻게 됩니다. 액체 형태의 음식을 배를 채우기 위해 섭취할 경우, 몸에서는 음식으로 인지하지 못해 포만감이 오래 지속되지 않습니다. 뿐만 아니라 흡수도 매우 빠르죠. 식이섬유가 소화기관에 오랫동안 머무르며 포만감과 에너지 소모를 돕는 것과는 상반된 작용을 하는 것입니다. 결국 금세 배고픔을 참지 못하고 다른 음식을 찾게 될 수 있으니 되도록 씹는 형태의 음식을 먹는 것이 좋습니다.

항산화 성분과 영양 균형

항산화 성분이란 몸에서 일어나는 산화작용을 억제하는 성분을 뜻합니다. 다이어트에 불리한 염증을 줄여주는 것이죠. 그리고 다이어트를 하면 소변을 통해 많은 영양소가 빠져나가기 마련입니다. 다이어트를 할 때 물이나 잎차를 많이 마시면서 화장실을 자주 가는 경우가 많기 때문이에요. 거듭 강조하지만 염증이 생기고 영양 균형이 무너지는 것은 살이 찌는 주된 요인 중 하나입니다. 음식을 통해 부족한 영양소를 섭취하는 것이 가장 좋지만, 모든 영양소를 챙기며 먹기가 쉽지 않죠. 맛불리는 감량할 때 비타민C, 비타민B, 비타민D와 마그네슘만은 되도록 챙겨 먹는 편입니다. 그런데 칼슘은 주의하세요. 비타민D, 마그네슘, 칼슘을 섞어놓은 제품이 많은데 마그네슘을 칼슘과 함께 먹을 경우 흡수가 제대로 이루어지지 않습니다. 게다가 칼슘은 식사로 충분히 섭취할 수 있지만 마그네슘은 그렇지 않아 부족해지기 쉬워요.

알아두면 피가 되고 살은 빠지는 내용을 읽고 계십니다.
요리는 대충해도 재료 선택은 꼼꼼하게!

이것만 알면 절반은 성공!
영양 성분표와 원재료 보는 법

영양정보 총내용량700g
100g당 **367Kcal**

		1일 영양성분 기준치에 대한 비율
❶ 100g당		
나트륨	334.5mg	117%
❷ 탄수화물	43g	13%
❸ 식이섬유	1.60g	16%
❹ 당류	3g	—
지방	4g	6%
❺ 트랜스 지방	0g	
포화지방	1g	8%
콜레스테롤	1.6mg	1%
단백질	14g	23%

1일 영양성분 기준치에 대한 비율(%)은 2000Kcal 기준이므로 개인의 필요 영양에 따라 다를 수 있습니다.

제품명	통밀빵
내용량	700g
식품의유형	빵류
원재료명	❻통밀 24.6%, 백밀 20%, ❼현미 16.4%, 보리 8%, 검은콩 1.4%, 글❽루텐 20.2%, ❾기농 설탕 4.8%, 구운 소금 2%, 천연효모 1%, 생이스트 1%, 올리브유 3.5%

마케팅으로 내세운 문구나 표현을 오인하여 식재료를 잘못 고르는 경우가 많습니다. 조금 복잡해 보일 수 있지만 영양 성분표와 원재료 보는 법을 이해하고 나면 다이어트 식재료를 고를 때 실패할 확률을 줄일 수 있어요. 많은 분이 헷갈려하는 부분을 설명하기 위한 예시로 통밀빵 영양 성분표를 가져왔습니다.

❶ 100g당

이 영양 성분표는 제품의 총내용량이 아닌 100g당 영양성분을 표기합니다. 일반적으로 100g

당 영양 성분을 표기하지만, 총내용량을 기준으로 하는 경우도 있고 영양분 함량과 칼로리가 낮아보이게끔 더 낮은 단위로 표기하는 경우도 있으니 단위를 잘 살펴보는 게 좋습니다.

❷ 탄수화물(Total Carbohydrate)

탄수화물을 구성하는 큰 틀은 당질과 식이섬유입니다. 저탄수화물 다이어트에서 양을 조절하고자 하는 탄수화물은 '당질'이며 탄수화물 표기에서 '❸ 식이섬유'를 뺀 나머지가 당질의 양입니다. 앞서 설명한 정제탄수화물이 대부분 당질에 해당돼요.

❸ 식이섬유(Dietary Fiber)

식이섬유는 살이 빠지는 데 매우 큰 도움을 줍니다. 식이섬유는 분자 구조가 매우 복잡해 소화를 시키기 위해 에너지가 필요합니다. 이것을 맛불리는 "소화흡수에너지 소비"라고 불러요. 뿐만 아니라 당질이 흡수되는 것을 방해하기 때문에 식이섬유는 운동하지 않고도 체중을 감량할 수 있도록 도와주는 핵심 성분입니다.

❹ 당류(Sugars)

많은 분이 '당질=당류'라고 알고 있는데 이름이 비슷해 혼동하기 쉬워요. 당류는 쉽게 말해 설탕입니다. 분자구조가 단순한 단당류와 이당류를 표기한 것으로 당질의 하위 개념입니다. 가장 나쁜 성분을 표기한 것일 뿐, 당질과 혼동하면 안 돼요.

❺ 트랜스 지방(Trans Fat)

다이어트뿐만 아니라 건강에도 이롭지 않은 트랜스 지방. 단 1g도 안심할 수 없는 성분입니다. 좋은 지방과 나쁜 지방에 대해서는 '맛불리가 피하는 재료'(19쪽)에서 조금 더 자세히 설명했습니다.

❻ 통밀(빵)

통밀은 껍질을 깎아내지 않은 밀입니다. 통밀빵은 다이어트할 때 먹어도 괜찮은지 물어보는 분이 많은데 통밀도 엄연한 탄수화물이에요. 제품마다 다르겠지만 오히려 쌀밥보다 탄수화물 함량이 높은 통밀빵이 많습니다. 게다가 빵을 만들 때 버터나 마가린, 식물성 기름 등 기타 기름을 첨가하는 경우가 많아요. 시중의 많은 통밀빵이 쌀밥보다 탄수화물 함량과 지방 함량도 높은 셈이지요. 많은 양의 탄수화물과 많은 양의 지방을 섞어서 섭취할 경우 에너지가 과잉 섭취되기 쉬워 통밀빵이 쌀밥보다 다이어트에 유리하다고 볼 수 없습니다.

❼ 현미, 보리, 콩

통밀처럼 현미나 보리, 콩, 그리고 앞의 성분표에는 없지만 귀리 같은 곡물도 탄수화물입니다. 껍질을 벗긴 쌀과 밀가루가 저탄수화물 다이어트에 가장 불리한 음식일 뿐, 다른 곡물도 다이어트에 유리하다고 볼 순 없습니다.

❽ 글루텐

글루텐에 과민한 체질이라면 장내 환경을 위해 피하는 것이 좋습니다. 장 건강이 나쁜 것도 비만의 원인이 되기 때문입니다.

❾ 유기농 설탕(또는 비정제 설탕)

유기농 설탕은 설탕의 주원료인 사탕수수를 유기농으로 키워냈다는 의미이고, 비정제 설탕은 99.99% 순도의 설탕보다 무기질 함량이 높습니다. 그래도 설탕은 설탕이라는 것. 영양가가 조금 더 있거나 유해함이 덜하다는 이유로 다이어트 식단에 포함할 수는 없습니다.

맛불리와 함께 장보기!
저탄수화물 재료를 골라보자

　다이어트에 도움이 되는 재료와 도움이 되지 않는 재료에 대해 어느 정도 알고 있어도, 막상 장을 보러 가면 너무나 많은 제품이 있어 혼란스러울 수 있습니다. 이 책의 레시피에 사용한 재료들을 하나씩 소개할게요. 제품 자체보다는 어떤 기준으로 골랐는지를 잘 기억해주세요.

소스류

토마토퓌레

　간혹 파스타 소스를 토마토퓌레로 잘못 알고 구매하는 경우가 있는데, 대부분의 파스타 소스에는 설탕 등 다이어트에 도움이 되지 않는 재료가 들어 있습니다. 또한 인공감미료나 천연감미료가 첨가된 제품 또한 앞서 설명해드렸듯이(24쪽 참조) 사용하지 않아요. 토마토퓌레(purée)는 원재료에 토마토가 99% 이상 들어간, 100g당 당질이 약 4g인 제품으로 선택했습니다. 토마토퓌레는 유기농인 제품을 구하는 것이 어렵지 않으니 유기농 여부를 잘 확인해보는 게 좋겠습니다.

스리라차 소스

〈맛불리TV〉에 가장 많이 등장한 소스는 바로 '닭표 스리라차 소스'일 겁니다. 살짝 매콤하면서도 싸한 특유의 맛이 다이어터에게 은혜로운 맛이죠! 호불호가 갈리기는 하지만, 그래도 좋아하는 사람이 많은 편입니다. 다만 탄수화물은 1작은술(1t)당 0g이라고 표시되어 있지만 설탕이 조금은 첨가되었기 때문에 한 끼에 1~2큰술 활용하는 것이 좋습니다. 다른 브랜드의 제품은 영양 성분 표시가 없는 경우가 많아서 닭표 스리라차 소스를 사용합니다.

머스터드소스

부리토와 샌드위치 레시피에 자주 등장하는 하인즈 머스터드소스입니다. 닭표 스리라차 소스는 원재료에 설탕이 약간 들어가지만, 하인즈 머스터드소스는 원재료에 설탕조차 넣지 않아 성분이 아주 깔끔합니다. 다만 달달하지 않고 겨자 향과 특유의 쓴맛이 나기 때문에 허니 머스터드를 생각하고 먹으면 실망할 수 있습니다. 용기가 너무 비슷해서 '허니 머스터드'로 오해하는 경우가 많은데, '정통 아메리칸 스타일' 제품인지, 원재료에 단맛을 내는 성분을 첨가하진 않았는지 꼭 확인하고 구매하세요.

핫소스

타바스코 핫소스는 〈맛불리TV〉에는 한 번도 등장하지 않았습니다. 제 입맛에 맞지 않아서. 하하. 재료 소개는 채널 주인의 입맛이 절대적(?)이라는 것을 다시금 느끼네요. 하지만 선택의 폭은 넓을수록 좋으니, 타바스코 핫소스를 좋아하는 분들은 소량씩 활용해보세요.

양념류와 향신료

간장

유전자 변형(GMO) 성분의 영향이 비교적 덜한 국산 콩 제품을 고릅니다. 간장은 탄수화물이 1큰술당 0.5g 정도로 비교적 저탄수화물에 해당하는 식재료입니다. 적절하게 요리에 이용하기 좋습니다.

된장

된장 역시 국산 콩을 사용하고 여러 첨가물 없이 소금과 주정, 종국 정도만 사용해서 만든 제품입니다. 다만 천일염이 외국산인 점이 살짝 아쉽습니다.

소금

탄수화물, 지방, 단백질뿐만 아니라 미네랄도 우리 몸에 꼭 필요한 영양소로, 비만을 비롯한 각종 질병의 원인이 미네랄 부족인 경우가 많습니다. 소금에도 미네랄이 들어 있는데, 특히 히말라야 핑크 소금은 미네랄이 풍부하다고 알려져 있습니다. 바다 소금이 미세 플라스틱 이슈에 휘말린 반면 히말라야 핑크 소금은 암염이라 비교적 안전하다고 합니다. 다만 제품이 보통 알갱이로 출시되기 때문에 그라인더에 갈아서 써야 하는 불편함은 있습니다. 그렇다고 소금을 과용해도 된다는 이야기는 아닙니다. 무엇이든 과하면 좋지 않으니 적당량을 사용하세요.

식초

식초는 혈당과 인슐린을 저하시키며 섭취한 음식이 지방으로 전환되는 비율을 낮춰주고 식욕도 줄여줍니다. 간혹 다이어트 중에 설탕이 첨가된 음료용 식초를 마셔도 괜찮은지에 대한 질문을 받는데요, 저탄수화물 다이어트에 설탕은 당연히 권하지 않습니다. 하지만 대부분의 식초는 탄수화물이 거의 없어요. 그중에서도 일반 주정 식초보다는 천연 발효 사과식초(apple cider vinegar)를 권합니다. 합성 식초나 주정 발효 식초는 공정에 의해 유익한 성분들이 줄어들기 때문이에요. 게다가 사과식초는 다른 종류의 식초보다 맛있고 물에 타 먹기에 더 부드러운 맛이라 생수에 1~2큰술 타서 마시기에 좋습니다. 단, 사과는 재배할 때 농약을 많이 사용하는 편이라 맛불리는 유기농인지 꼭 확인합니다. 그리고 산도가 높아 공복에 먹으면 위장을 자극할 수도 있으니 주의하세요.

레몬즙

레몬즙은 신선한 레몬으로 직접 즙을 내 먹는 게 가장 좋지만, 자주 먹지 않으면 레몬을 보관하는 게 부담스러워요. 그래서 맛불리는 레몬 대신 시판 레몬즙을 사용합니다. 레몬즙은 마트 음료 코너에 있는 설탕물에 희석된 레몬주스가 아니라 소스 코너에 있는 레몬즙(주스)을 사야 합니다. 100ml당 탄수화물 2g 이하인 제품으로 고르면 됩니다. 만약 제품에 영양 성분표가 없다면 원재료에 레몬즙 농축액, 정제수, 보존료 정도만 있는 것을 고르세요.

멸치액젓 또는 까나리액젓

생선이 주원료인 액젓류는 탄수화물이 거의 없고, 특히 까나리액젓과 멸치액젓은 원재료가 생선과 소금 정도뿐입니다. 〈맛불리TV〉에서는 까나리액젓을 사용하는 편이지만, 까나리액젓 특유의 향이 싫다면 멸치액젓으로 대체해도 좋습니다. 두 액젓은 까다롭게 조건을 따지기보다 생선과 소금 외에 다른 성분이 들어갔는지 정도만 확인합니다.

참치액

참치액은 영양 성분이 표기되어 있는 경우가 드뭅니다. 이럴 땐 제품 뒷면의 원재료명을 참고해 탄수화물이 낮은 재료로 구성되어 있는지 확인합니다.

이를테면 설탕, 액상과당, 물엿, 쌀가루, 밀가루, 전분가루, 콩가루 등이 들어 있지 않은 것을 고르는 것이죠. 육류와 해산물 위주의 재료를 사용했는지, 유해성 논란이 있는 재료를 사용하지 않았는지도 확인합니다. 단, 유해성 논란에 대해서는 사람마다 기준이 다를 수 있습니다.(MSG, 즉 향미증진제는 맛불리가 권하는 성분은 아니지만 여기에 소개한 제품에는 소량 들어 있습니다.)

커민, 강황

　　시판되는 대부분의 카레 가루에는 다이어트에 도움이 되지 않는 전분, 설탕 등이 들어갑니다. 카레의 원재료인 커민과 강황도 탄수화물이 많이 함유되어 사용에 주의해야 하지만, 아주 소량만 사용해도 맛이 강하기 때문에 적은 용량으로 구매해서 오래 두고 먹을 수 있습니다. 1작은술만 넣어도 되니 실제 섭취량은 당질이 1g도 되지 않지요. 특히 강황에는 매우 강력한 항산화 성분이 들어 있어 다이어트에 불리한 염증을 줄여줍니다. 단, 치아 교정 중이라면 착색될 수 있으니 주의하세요.

가루류

차전자피 가루

차전자피는 물과 닿으면 부풀어 오르는 성질이 있습니다. 다이어트 식단에 포만감이 부족하다면 물 200ml에 차전자피 가루 1큰술을 섞어 드셔보세요.

〈맛불리TV〉에서는 식이섬유빵을 만들 때 차전자피 가루를 사용합니다(184쪽 참조). 대부분의 시판 빵은 많은 양의 지방과 당질을 섞어놓아 조금만 먹어도 살이 찌기 쉽지만, 차전자피는 대부분 식이섬유로 이루어져 있어요. 당질 대신 식이섬유가 풍부한 차전자피 가루로 빵을 만들어 먹을 수 있다니 다이어터 빵순이, 빵돌이에게는 희소식이 아닐 수 없지요.

하지만 차전자피 가루로 만든 빵이 정말 맛있다는 사람이 있는 반면 식감이 모래 씹는 것 같다거나 향이 너무 거슬린다는 사람도 있습니다. 호불호가 아주 심하지요. 그러니 만들기 전에 자신이 어느 정도로 식감과 후각에 예민한지 생각해볼 필요가 있습니다. 제품을 고를 때도 주의할 사항이 있습니다. 바로 입자 크기! 너무 고운 가루를 쓰면 빵이 아닌 떡(?)이 될 수 있으니 입자가 거친 가루를 선택하세요.

코코넛 가루

코코넛 가루는 탄수화물 함량이 매우 높아 '저탄수화물 다이어트 음식에 이걸 왜?'라고 생각할 수 있는 재료입니다. 하지만 커민과 강황처럼 코코넛 가루도 아주 적은 양만 사용하는 재료랍니다. 차전자피 가루는 부푸는 성질이 약하기 때문에 단독으로 빵을 만들기 힘든데, 코코넛 가루가 반죽을 부풀리는 역할을 합니다.

아마씨 가루

　차전자피 가루로 만든 빵의 향이 강해서 먹기 힘들다면, 차전자피 가루 대신 아마씨 가루를 넣어 향을 중화시킬 수 있습니다. 좀 더 빵다운 향이 납니다. 아마씨 가루 또한 거의 모든 탄수화물이 식이섬유로 이루어져 있고, 차전자피 가루보다는 호불호가 강하지 않으며 고소한 향이 납니다. 하지만 아마씨는 과섭취하면 두통과 복통을 유발할 수 있어 식약처에서는 하루에 16g 이상 섭취하지 않는 것을 권장합니다.

아몬드 가루

　아몬드 가루로는 거북한 향 없이 고소한 빵을 만들 수 있습니다. 하지만 차전자피 가루나 아마씨 가루에 비해 당질이 많은 편인 데다가 부푸는 성질도 거의 없어 다른 가루들과 마찬가지로 단독으로 사용하면 다이어트에 부담이 됩니다. 게다가 아몬드 가루는 보통 쿠키나 마카롱처럼 식감이 약간 단단한 것을 만들 때 쓰는 재료이기 때문에 빵을 만들면 다소 퍽퍽한 느낌이 납니다. 국내에서는 양질의 아몬드 가루를 구하기 어려워 해외 직구로 구매했습니다. 아몬드 가루 중 그나마 탄수화물의 양이 적고 NON-GMO, 글루텐 프리인 제품을 골랐습니다.

단백질 파우더

차전자피 가루나 코코넛 가루가 향이나 식감이 거북해서 먹기 힘든 분들은 단백질 파우더와 식이섬유 가루를 섞어 저탄수화물 빵을 만들 수 있습니다. 단, 이 빵은 전자레인지로 만들면 이상한 향이 나기 때문에 꼭 에어프라이어나 오븐을 이용해야 합니다. 오븐에 구우면 차전자피 가루를 섞어도 차전자피 향이 거의 나지 않아요. 아마씨 가루를 사용해도 좋습니다. 아쉽게도 국내에서 구할 수 있는 단백질 파우더는 설탕이나 감미료가 들어 있기도 하고, 다이어트에 불리한 작용을 하는 지방을 사용한 제품도 많습니다. 그래서 조금 번거롭지만 맛불리는 NON-GMO 무가미 유청 단백질을 구해서 사용했습니다.

베이킹파우더

베이킹파우더도 탄수화물이 제법 들어 있지만 맛불리표 빵을 만들 때는 1~2g만 사용하기 때문에 탄수화물 섭취량이 아주 미미합니다. 하지만 베이킹파우더를 고를 때도 주의가 필요합니다. 많은 베이킹파우더 제품에 알루미늄이 들어 있다는 사실, 알고 계셨나요? 알루미늄은 치매 등을 유발할 수 있는 원인으로 지목되고 있는데, 황산알루미늄칼륨(소명반) 등의 첨가물을 사용한 제품은 알루미늄 함량이 높다고 합니다. 극미량의 알루미늄도 여러 신체 기관에 쌓이기 때문에 잠재적으로 위험할 수 있으니 알루미늄 프리인 제품을 고르는 게 좋습니다. 시판 제품에 표시된 '소암모늄명반'이 알루미늄 성분입니다. 소량만 사용하지만, 주의해서 나쁠 것 없겠죠?

시나몬 가루

시나몬 가루는 기본적으로 탄수화물 함량이 매우 높은 편입니다. 그럼에도 불구하고 소개하는 이유는 한 번에 많은 양을 섭취하지 않아도 향을 충분히 즐길 수 있고 소량만으로도 몸에 좋은 영향을 주는 재료이기 때문입니다. 시나몬은 비만의 원인인 염증을 줄여주는 항산화 물질이 들어 있으며, 혈당과 인슐린 수치를 낮춰줍니다. 또한 식욕을 감소시키고 혈압을 내리며 콜레스테롤을 감소시키는 효과가 있어요.

시나몬은 실론 시나몬(ceylon cinnamon)과 카시아 시나몬(cassia cinnamon)이 있는데, 실론 시나몬이 카시아 시나몬에 비해 항산화 물질이 많고 독성이 적습니다. 우리가 흔히 계피라 부르는 것이 카시아 시나몬인데요, 카시아 시나몬은 독성이 약간 있어 단기간 내에 반복해서 먹는 것은 삼가는 게 좋아요. 맛불리는 시나몬물을 만들 때는 실론 시나몬, 족발과 보쌈을 만들 때는 카시아 시나몬을 사용했습니다. 물론 반대로 사용해도 큰 문제는 없습니다.

유지류

유기농 무향 정제 코코넛 오일

열을 가하는 요리에 자주 사용하는 기름입니다. 코코넛 오일은 앞서 설명한 것처럼(22쪽 참조) 포화지방의 비율이 높아 가열해도 산화가 덜 하기 때문이에요. 비정제 코코넛 오일은 특유의 향이 짙기 때문에 호불호가 많이 갈리고, 정제 코코넛 오일은 정제되는 과정에서 코코넛 특유의 향이 사라지고 발연점은 높아집니다. 또한 기름을 정제하면 영양의 질이 떨어지는 경우가 많은데 코코넛 오일은 정제해도 비정제 코코넛 오일과 성분이 거의 같다고 알려져 있습니다.

냉압착 올리브 오일(엑스트라 버진)

올리브 오일은 영양가가 풍부한 기름 중 하나예요. 맛불리는 올리브 오일을 열을 가하지 않고 생으로 섭취합니다. 열을 가하면 성분이 변질될 가능성이 있어 영양소 섭취에 불리해지고, 발연점이 낮으며 주로 불포화지방산이기 때문이에요 (22쪽 참조). 올리브 오일은 유전자 조작 이슈로부터 비교적 안전하기도 하고, 다가불포화지방산 비율이 다른 기름들보다 낮은 편이기 때문에 샐러드에 활용하기 좋습니다. 제품은 가장 높은 등급인 냉압착 엑스트라 버진 올리브 오일이 영양가도 가장 좋아요. 기름은 오래될수록 품질이 저하되니 가급적이면 색이 있는 병에 유통기한이 1년 이상 남아 있는 것으로 고릅니다.

냉압착 아보카도 오일(엑스트라 버진)

아보카도 오일은 올리브 오일과 특징이 비슷하고 항산화 성분도 풍부하지만, 발연점이 높습니다. 하지만 발연점과 산화는 별개의 문제이기 때문에 맛불리는 아보카도 오일을 불 요리에 사용하지 않습니다(23쪽 참조). 고르는 방법은 올리브 오일과 같아요.

들기름과 참기름

들기름은 앞서 설명한 것처럼 오메가3가 풍부해서 다이어트에 이용하기 아주 좋은 기름입니다. 반면 참기름은 염증을 일으키기 쉬운 오메가6가 많기 때문에 과용하지 말고 한 끼에 1큰술 정도만 먹는 게 좋아요. 식물성 기름은 온도 등으로 산화되기 쉽기 때문에 들기름과 참기름은 볶지 않은 깨를 냉압착해 제조한 것이 가장 좋습니다. 하지만 냉압착 방식으로 제조한 기름은 매우 비싼 편이며, 우리가 흔히 마트에서 사는 볶은 깨로 만든 기름처럼 향이 풍부하지 않다는 단점이 있어요. 그래서 맛불리는 맛보다 건강을 우선할 때는 냉압착 생들기름을, 맛과 향을 좀 더 느끼고 싶을 때는 볶은 깨 들기름 또는 참기름을 2큰술 이내로 사용합니다. 들기름과 참기름은 산화가 빠르기 때문에 개봉 후 냉장 보관은 필수이며, 가급적 적은 용량으로 구매해 짧은 기간 내에 소진해야 합니다.

바닐라 오일

바닐라 오일은 오일에 바닐라 향을 첨가한 제품입니다. 빵을 만들 때 한두 방울 넣으면 바닐라의 달달한 향이 더해져 풍미가 좋아집니다. 아이스크림이나 베이킹에 응용하기 좋은 재료죠. 다만 간혹 설탕이 들어간 제품도 있으므로 잘 살펴보고 고르세요. 바닐라 엑스트랙은 빵을 만들 때 사용하면 향이 많이 날아가기도 하고, 마찬가지로 시럽이나 설탕이 들어간 제품이 많으므로 바닐라 오일을 대체해서 사용한다면 성분에 주의하세요.

유제품

치즈

치즈는 식물성 기름이나 재료가 첨가되지 않은 동물성 제품, 100g당 트랜스 지방이 2g 이하인 제품을 고릅니다. 체다 슬라이스 치즈는 자연 치즈를 80% 이상 함유한 것으로, 모차렐라 치즈는 축산물 가공품 유형 항목이 '자연 치즈'인 제품으로 고르기를 권합니다. 자연 방목, 유기농이면 더 좋겠죠. 간혹 유화제가 들어간 경우가 있는데 이런 제품은 피하는 게 좋겠습니다.

생크림

생크림은 저탄수화물 재료에 속하지만, 지방의 비율이 높기 때문에 너무 많이 섭취하거나 다른 고탄수화물 음식과 함께 섭취하면 살을 찌우는 음식으로 변합니다. 제품 이름이 '생크림'이고 100% 동물성에 유지방 38% 이상인 것이 좋습니다. 다른 첨가물이 있으면 제품 이름에 '생크림'이라는 단어를 사용하지 못합니다. '휘핑크림'이라고 표기된 제품은 식물성 크림일 확률이 높고, 동물성 휘핑크림이라도 첨가물, 설탕, 유화제가 들어간 경우가 많으므로 잘 확인하고 구매하세요.

무가당 요거트

생각보다 많은 사람이 다이어트 중에 설탕이 첨가된 요거트를 먹습니다. 혹은 인위적으로 설탕을 첨가하지 않았어도 기본적인 유당 함량이 많거나 다른 재료로 인해 탄수화물 함량이 높은 경우도 많아요. 무가당 요거트 중 탄수화물이 100g당 5g이 넘지 않는 제품을 고르는 게 좋습니다. 유기농 인증된 제품도 있으니 구매할 때 참고하세요. 유제품 알레르기가 있다면 주의해야 합니다.

버터

100% 동물성 버터는 주성분이 포화지방이어서 열을 가해도 산화될 걱정이 덜합니다. 식물성 기름으로 만든 가짜 버터도 있으니 반드시 '100% 동물성 버터'를 고릅니다. 곡물 사료를 먹인 소보다 목초를 먹으며 방목해 키운 소의 우유로 만든 버터가 오메가6 비율이 낮고 영양가가 풍부하다고 알려져 있습니다. 그중에서도 맛불리는 기버터(Ghee Butter)를 자주 활용하는데요. 일반 버터의 발연점은 약 150℃인데 기버터는 약 230~250℃로 높은 편이라 가열 요리에 좋아요. 단, 향이 조금 낯설 수 있다는 점은 참고하세요.

탄수화물 대체 재료

포두부

일반적인 부리토는 토르티야에 여러 가지 채소를 넣고 말아서 먹기 때문에 다이어트 음식일 것 같지만, 토르티야는 다이어트의 적입니다. 토르티야의 주성분이 밀가루라 탄수화물 폭탄이기도 하지만, 트랜스 지방의 함량이 높은 마가린을 섞는 경우가 많기 때문입니다.

〈맛불리TV〉에서는 부리토를 만들 때 토르티야 대신 포두부를 사용하는데, 포두부도 호불호가 매우 강한 재료이니 후기를 꼭 읽어보고 사용하기를 권합니다. 제가 포두부를 고르는 기준은 부리토를 만들 만큼 큼직한지, 국산 콩을 사용했는지 여부입니다. 수입산 대두는 유전자 변형(GMO) 성분 이슈가 많은 작물 중 하나입니다. 국산 콩이 비교적 성분 이슈로부터 자유로워서 맛불리는 국산 콩 제품을 사용하는 편입니다. 포두부는 얇게 썰어서 두부면으로도 활용할 수 있습니다.

콜리플라워 라이스

콜리플라워 라이스는 콜리플라워를 밥알 모양으로 다져 만든 것으로, 보통 냉동 제품으로 판매합니다. 더 신선하고 건강하게 섭취하고 싶다면 유기농 콜리플라워를 사서 직접 다져서 사용합니다. 탄수화물 함량은 제품에 따라 차이가 꽤 많이 나므로 되도록 100g당 7g 이하인 것을 고르면 좋습니다.

습식 곤약쌀

쌀 모양으로 만든 '건조 곤약쌀'은 곤약보다 다른 성분(타피오카)이 더 많이 들어 있는 경우가 많으니, 제품 뒷면에 표기된 원재료를 꼭 확인하세요. 타피오카는 카사바라는 열대 작물의 뿌리에서 채취한 녹말로, 백미와 탄수화물 함량이 거의 비슷할뿐더러 식이섬유가 거의 포함되어 있지 않은 당질 덩어리입니다. 따라서 진짜 곤약의 비율이 높은 습식 곤약쌀을 사용하거나 곤약묵을 잘게 다져 사용하는 것이 좋습니다.

(위에서부터) 곤약묵, 습식 곤약쌀, 건조 곤약쌀.
건조 곤약쌀에는 정제탄수화물인 타피오카 전분이 많이 함유된 경우가 많습니다.

기타 재료

두부, 순두부

국산 콩 간장처럼 두부와 순두부도 국산 콩 제품을 쓰면 좋아요. 마찬가지로 유전자 변형(GMO) 성분 때문에 그렇습니다. 물론 국산 콩이라고 해서 유전자 변형 성분으로부터 완벽하게 안전한 것은 아니라고 하니까 맹신하기보다는 조금이라도 조심해서 섭취하는 기준으로 봐주세요. 간혹 두부 중에 탄수화물 함량이 눈에 띄게 높은 제품도 있으므로 영양 성분표를 확인해 저탄수화물인지 확인하고 구매합니다.

낫토

낫토도 호불호가 많이 갈리는 식재료입니다. 낫토는 콩을 발효시켜 만든 음식으로 포만감을 주고 다이어트에 도움이 되는 유익균이 많은데, 제품마다 식이섬유 함량이 매우 달라서 원재료와 영양 성분표를 꼼꼼히 봐야 합니다. 국산 콩으로 만들고, 탄수화물 함량 중 대부분이 식이섬유인 제품으로 고릅니다. 냉동 낫토의 경우 전자레인지에 해동하면 유익균이 파괴되므로 꼭 자연 해동해서 드세요.

김, 김가루

가미 김은 다이어트에 방해가 되는 조미료를 섞거나 기름을 첨가해 굽기 때문에 아무래도 첨가물이나 가공 정도에 따라 다이어트에 좋지 않은 영향을 줍니다. 하지만 무가미 김(김밥용 김 크기 정도)은 10장당 탄수화물이 1~3g으로 보통 식사하는 정도로는 다이어트에 크게 영향을 미치지 않습니다. 그러므로 아무 성분도 가미되지 않은 무가미 김을 권합니다. 김가루 또한 김과 마찬가지로 가미되지 않은 것을 사용해요. 하지만 김가루는 무가미 제품을 구하기가 쉽지 않습니다. 무가미 김을 가위로 잘라 사용하면 됩니다.

참치

참치는 저탄수화물 식재료로 호불호가 적고 감칠맛이 풍부합니다. 수은에 많이 노출되는 대형 어종이기 때문에 참치를 포함한 식단은 가끔씩만 먹는 게 좋아요. 참치를 고를 때 기준을 크게 두 가지로 나누면 포장재와 첨가 기름입니다. 통조림은 환경호르몬인 비스페놀A 이슈가 있으며, 제품 안에 흥건하게 들어 있는 기름은 사실 참치 기름만이 아니에요. 대부분 다른 식물성 기름을 첨가합니다. 식물성 기름을 주의해야 하는 이유는 21쪽에서 설명했습니다. 유리병에 올리브 오일과 함께 담긴 참치 제품이 있긴 하지만 구하기도 어렵고 가격도 매우 사악(?)해서 맛불리는 주로 레토르트 파우치에 담긴 팩 참치 제품을 구매합니다. 그리고 참치를 꺼내 꽉 짜서 기름을 최대한 제거한 뒤 사용하고 있어요.

소시지

베이컨, 햄, 소시지 같은 가공육은 대부분 탄수화물 함량이 낮습니다. 하지만 가공육에는 대부분 발색과 보존제의 역할을 하는 WHO 지정 1군 발암물질인 아질산나트륨이 들어 있어요. 무(無)아질산나트륨이라고 표기된 제품에는 셀러리 분말이 첨가된 경우가 많고요. 아질산나트륨과 셀러리 분말에 대해서는 25쪽을 참고하세요. 두 가지 모두 첨가되지 않았더라도 설탕이 첨가된 제품이 있어 정말 고르기 어려운 품목입니다. 소시지를 자주 먹지 않는 것이 가장 좋겠지요.

가쓰오부시

가쓰오부시는 탄수화물 함량이 적고 감칠맛이 풍부한 식재료입니다. 요리에 적절하게 사용하면 깊은 맛을 낼 수 있어요. 다만 일부 제품에서 벤조피렌이 검출되었다는 뉴스를 접한 적이 있으니 제품을 고를 때 인터넷으로 검색해 확인해보는 것도 좋습니다.

명란젓

맛불리는 '명란 덕후'예요. 문제는 명란젓을 자주 먹기엔 가격이 사악(?)하기도 하지만, 대부분 1군 발암물질인 아질산나트륨이 첨가되어 있어요. 아질산나트륨이 없는 제품을 겨우 찾으면 설탕이 첨가되어 있고요. 조건을 충족하는 명란젓을 찾기가 조금 어렵긴 하지만 두 가지는 꼭 확인하는 게 좋습니다. 그리고 파본은 조금 저렴하게 살 수 있습니다. 예쁘고 통통한 명란은 정말 비싸지만 결국 먹을 땐 가위로 잘게 잘라 먹게 되더라고요. 파본 대용량을 구매해서 먹을 만큼만 남기고 나머지는 냉동 보관해놓 았다가 필요할 때마다 꺼내 먹습니다.

이 책의 계량법

큰술 = 밥숟가락, 작은술 = 찻숟가락

액체류는 평평하게, 고체류는 소복하게 계량했어요.

요리 능력치를 높여줄 유용한 도구

① 전자저울 활용도 ●●○○○

재료의 정확한 양을 계산하기 위해 사용합니다. 이 책의 레시피에는 당질 제한을 위해 계량이 비교적 중요한 재료가 있습니다. 저렴한 전자저울로 하나 구비해놓으면 좋아요.

② 핸드 믹서 활용도 ●○○○○

소스를 만들 때 사용하면 편해요.

③ 나무 주걱과 숟가락 활용도 ●●●○○

음식을 볶거나 섞을 때 사용합니다.

④ 차퍼(채소 차퍼) 활용도 ●●●●○

맛불리가 칼질이 자신 없거나 많은 양의 채소를 다져야 할 때 자주 사용하는 도구입니다. 채소를 대충 썰어 넣은 뒤 끈으로 연결된 손잡이를 여러 번 당기기만 하면 채소가 잘게 다져져요. 밀프렙을 만들기 위해서는 대용량을 사용하는 게 편합니다.

⑤ 식힘망 활용도 ●○○○○

꼭 필요한 건 아니지만 튀기거나 굽는 요리를 할 때 유용합니다.

⑥ 채소 필러(감자칼) 활용도 ●●○○○

감자 깎는 칼로 많이 사용하는데, 양배추를 잘게 썰거나 오이나 당근 껍질을 벗길 때도 사용합니다.

⑦ 유리 볼(믹싱 볼) 활용도 ●●●○○

재료를 섞을 때 사용합니다. 플라스틱 볼은 핸드 믹서를 사용하면 긁히는 경우가 많아서 좀 더 위생적으로 쓸 수 있는 유리 볼을 사용해요.

⑧ 빵틀 활용도 ●○○○○

다이어트 식전빵을 구울 때 작은 빵틀을 이용하면 빵을 소량만 만들 수 있어요.(크기 약 70×70×70mm.) 너무 큰 틀을 이용하면 빵이 제대로 만들어지지 않을 수 있습니다. 빵틀이 없다면 오븐 용기를 사용해도 좋습니다.

⑨ 실리콘 주걱 활용도 ●●○○○

실리콘으로 만든 주걱은 제빵용 반죽을 할 때 사용합니다. 볼이나 팬에 있는 재료를 깔끔하게 덜어낼 때도 유용해요.

⑩ 실리콘 붓 활용도 ●○○○○

팬이나 빵틀에 오일을 골고루 펴 바를 때 사용해요.

⑪ 마늘 차퍼 활용도 ●●●○○

칼을 사용하지 않고 마늘을 깔끔하게 다질 수 있어 편리합니다.

⑫ 숟가락과 계량스푼 활용도 ●●●●○

이 책에서는 대부분 큰술, 작은술을 밥숟가락과 찻숟가락 기준으로 계량했는데, 정확한 계량이 필요할 때엔 간혹 1T와 1t 계량스푼을 사용합니다.

밥의 양을 뻥튀기해보자!

맛불리가 감량하면서 가장 중요하게 생각한 것은 '밥'입니다. 왜냐하면 맛불리는 떡순이, 밥순이, 빵순이, 면순이 중 밥순이거든요. 문제는 밥이 탄수화물이라는 거예요. 저탄수화물 다이어트에 치명적인 밥, 그렇다면 아예 먹지 말아야 할까요? 아니에요! 저탄수화물 다이어트라고 해서 탄수화물을 0g에 가깝게 먹으면 오히려 몸에 무리가 올 수 있어요. 탄수화물은 우리 몸이 정상적인 대사를 하기 위해 꼭 필요한 영양소입니다. 건강한 신체를 유지하려면 최소한의 섭취는 필요해요. 여기서는 맛불리가 21kg을 감량하면서 먹었던 밥들을 소개합니다.

그런데 이렇게 복잡한 밥들 말고 그냥 현미밥이나 귀리밥, 타피오카 같은 것을 먹으면 안 되는지 궁금한 분들도 있을 거예요. 많은 분이 쌀밥만 탄수화물이라 오해하고 있지만, 현미와 귀리도 탄수화물 함량이 쌀과 크게 차이나지 않아요. 타피오카 가루도 정제된 탄수화물로, 글루텐 때문에 장에 좋지 않은 영향을 끼칠 수 있는 밀가루 대체제입니다. 따라서 모두 쌀밥과 동일하게 제한해야 하는 음식들이죠.

1 두부밥

| 식감 ●●○○○ | 맛 ●●○○○ | 조리 난이도 ●○○○○ |

두부밥은 맛불리가 소개한 밥 중 포만감이 가장 커요. 두부를 큰 거부감 없이 먹을 수 있다면 강력 추천합니다. 맛불리는 그냥 두부밥을 먹을 때도 많지만, 좀 더 효율적으로 다이어트하고 싶을 땐 두부밥에 다진 양배추를 넣어 먹어요. 두부밥은 부들부들한 두부와 함께 쫀쫀한 밥알이 씹히는 식감이 좋고 고소한 맛도 느껴집니다. 만들기 쉬우면서도 밥을 양껏 먹는 듯한 기분이 든답니다.

만드는 법(1회분)

재료 국산 콩 두부 200~250g, 밥 50g / **선택 재료** 들기름 또는 참기름 1큰술, 식초 1/2큰술

❶ 국산 콩 두부를 흐르는 물에 씻고 물기를 제거한다.

❷ 요리용 장갑을 끼고 국산 콩 두부를 으깨어 밥과 골고루 섞는다.

❸ 두부 향이 싫다면 들기름 또는 참기름, 식초를 넣고 섞는다.

2 양배추밥

| 식감 ●●○○○ | 맛 ●●○○○ | 조리 난이도 ●●●○○ |

맛불리가 소개한 밥 중에서 체중 감량이 가장 빨리 되는 느낌이 들었던 것은 바로 양배추밥이에요. 맛불리는 녹색 잎 생채소 섭취를 중요하게 생각하지만 가끔은 먹기 지겨울 때가 있잖아요? 이럴 때 양배추밥으로 할당량을 채워주면 식단의 맛을 크게 해치지 않으면서 즐길 수 있어요. 양배추밥은 콜리플라워 라이스와 비슷한 맛이면서 채소의 맛과 향이 강하고 식감도 아삭해서 만족감이 덜하지만 포만감이 매우 크고 오래 유지됩니다.

만드는 법(1회분)

재료 잘게 다진 양배추 150~250g, 밥 50g / **선택 재료** 들기름 또는 참기름 1큰술, 식초 1/2큰술

❶ 양배추는 씻어 물기를 제거한다.

❷ 씻은 양배추를 밥알 크기로 잘게 다진다. 차퍼를 사용하면 편하다.

❸ 다진 양배추를 밥에 골고루 섞는다.

❹ 양배추 향이 싫다면 들기름 또는 참기름, 식초를 넣고 섞는다.

3 닭가슴살밥

식감 ●●●○○   맛 ●●●○○   조리 난이도 ●●●○○

맛불리 다이어트는 저탄수화물 다이어트이기 때문에 일부러 닭 가슴살만 골라 먹을 필요는 없다고 생각해요. 그래서 지방이 많은 닭껍질튀김도 만들고, 닭 다리와 날개를 사용한 간장갈릭 치킨도 만든답니다. 하지만 닭가슴살밥만큼은 닭 가슴살이나 안심으로 만들기를 권합니다. 다른 음식과 함께 먹는 용도이기 때문에 에너지 과잉 섭취를 방지하기 위해서예요. 게다가 닭가슴살밥은 퍽퍽하지 않고 고기를 좋아하는 맛불리 입맛엔 꽤 맛있어요! 뭉쳐서 주먹밥을 만들면 식감도 좋고 포만감도 오래 유지됩니다.

만드는 법(1회분)

재료 닭 가슴살 한 덩이(100~140g), 밥 50g, 소금·후추 약간씩

❶ 닭 가슴살은 취향에 맞게 소금, 후추로 간을 하고 삶거나 오븐, 에어프라이어 등을 사용해 익힌다.

❷ 익힌 닭 가슴살을 잘게 다진다. 차퍼를 사용하면 편하다.

❸ 요리용 장갑을 끼고 다진 닭 가슴살과 밥을 골고루 섞는다.

4 2:1 곤약밥

식감 ●●●●○   맛 ●●●●○   조리 난이도 ●●●○○

곤약밥은 잘 지으면 쌀밥과 맛이 거의 흡사할 만큼 이질감이 적어요. 맛불리는 감량 식단에는 곤약과 쌀을 2:1 비율로 넣어 지은 곤약밥을 한 끼에 100g, 식단에 따라 많게는 150g까지

응용해서 먹습니다. 곤약밥임에도 양을 제한하는 이유는 곤약은 밥을 지으면 부피와 무게가 줄어들지만 쌀은 무게가 두 배 정도 늘어나기 때문입니다. 곤약 200g과 쌀 100g으로 밥을 지으면 약 350g의 곤약밥이 됩니다. 쌀 100g으로 밥을 지으면 밥이 200g 정도 되는 것을 감안하면 350g의 곤약밥에서 곤약이 차지하는 무게는 150g 정도로 추정할 수 있습니다. 즉, 곤약밥 100g은 곤약 43g, 쌀밥 57g 정도를 먹는 셈이기 때문에 섭취량에 주의하는 게 좋습니다.

곤약밥은 앞서 재료 고르는 방법에서 설명한 것처럼 건조 곤약쌀이 아닌 습식 곤약쌀 또는 곤약묵으로 짓습니다. 습식 곤약쌀은 간편하고, 곤약묵은 저렴해요.

만드는 법(2~3회분)

재료 습식 곤약쌀 또는 곤약묵 200g, 쌀 100g, 물 130~150ml

❶ 습식 곤약묵을 사용한다면 제품을 개봉해 충전수는 버리고 곤약묵을 다지거나 믹서로 잘게 갈고, 끓는 물에 식초 2~3큰술을 넣은 뒤 1분간 데친다.

❷ 쌀은 여러 번 씻어 준비한다.

❸ 습식 곤약쌀이나 ①의 곤약묵을 물에 씻어 준비한다.

④ ②과 ③을 섞어 솥에 붓는다.

⑤ 물을 붓고 밥을 짓는다. 쌀밥을 지을 때만큼 물을 부으면 죽이 되므로 정해진 양을 붓는다. 밥이 완성되면 밀폐 용기에 담아 냉장 보관할 수 있고, 냉동 보관은 안 된다.

5 달걀밥

식감 ●●●○○	맛 ●●○○○	조리 난이도 ●●○○○

　　달걀은 탄수화물이 거의 없기 때문에 저탄수화물 다이어트에 활용하기 좋은 재료예요. 밥 사이사이로 느껴지는 부드러운 노른자와 탱글탱글한 흰자가 어우러져 과하지 않으면서도 풍부한 맛을 내기 때문에 삶은 달걀을 좋아하는 분이라면 특히 만족감이 높을 거예요. 달걀만 한 번에 삶아놓으면 만들기도 너무나 간단하답니다.

만드는 법(1회분)

재료　달걀 2개, 밥 50g

❶ 달걀을 완숙으로 삶는다.

❷ 요리용 장갑을 끼고 삶은 달걀을 으깨어 밥과 골고루 섞는다.

6 콜리플라워밥

식감 ●●●○○   맛 ●●●○○   조리 난이도 ●○○○○○

콜리플라워 라이스는 사용하기 간편해서 맛불리가 자주 쓰는 아이템 중 하나예요. 냉동된 제품을 전자레인지에 해동해서 밥 50g이랑 섞기만 해도 밥 한 공기를 다 먹은 것처럼 포만감이 좋아요. 다만 완벽하게 밥처럼 느껴지는 것은 아닙니다. 콜리플라워 특유의 향과 식감이 살짝 있기 때문에 부담스러워하는 분들도 있습니다. 이런 분들은 센 불에 살짝 볶아서 사용하면 특유의 향은 줄고 식감은 좀 더 쫀득해집니다. 다만 익히면 익힐수록 식이섬유가 당질화되어 다이어트에 불리해지니 너무 오랜 시간 익히지 않는 게 좋습니다.

만드는 법(1회분)

재료 콜리플라워 라이스 150~250g, 밥 50g / **선택 재료** 들기름 또는 참기름 1큰술, 식초 1/2큰술

❶ 콜리플라워 라이스를 전자레인지를 사용해 해동한다.

❷ 해동한 콜리플라워 라이스와 밥을 골고루 섞는다.

❸ 콜리플라워 향이 싫다면 들기름 또는 참기름, 식초를 넣고 섞는다.

밀가루 면 대신 무엇을 먹을까?

1 천사채 당면화

식감 ●●●○○　　　맛 ●●○○○　　　조리 난이도 ●●●○○

　탄수화물이 들어 있지 않은 천사채로 그럴싸한 면 요리를 만들 수 있어요! 천사채는 생으로 먹었을 때는 뚝뚝 끊기지만 당면화된 정도에 따라 컵누들 면처럼 꼬들꼬들하게, 혹은 당면처럼 쫀쫀한 식감을 만들 수 있으며 맛은 거의 느껴지지 않습니다. 천사채의 주 원재료는 알긴산나트륨, 소금, 정제수인데, 알긴산나트륨은 미역, 다시마 등 해조류에서 추출한 성분입니다. 위장과 식도를 보호해주는 성분이긴 하지만 소화 기능이 약한 사람은 많이 먹으면 소화 장애를 겪는 경우도 있다고 하니 적절하게 사용하는 것이 좋습니다. 한꺼번에 삶아두었다가 물기를 제거한 뒤 밀폐용기에 담아 보관하면 일주일까지는 먹을 수 있습니다.(신선도에 따라 다를 수 있습니다.) 보관한 것을 다시 먹을 때는 찬물에 한 번 헹궈서 사용하세요.

천사채 고르는 법

　황산알루미늄암모늄이나 소암모늄명반(알루미늄) 성분은 유해성 논란이 있으니 제품의 뒷면을 확인해 이 성분이 없는 것을 고릅니다. 면의 굵기는 만들 음식이나 식감의 기호에 맞게 고릅니다. 가장 가는 면이 보편적으로 먹기 좋으며 굵어질수록 당면화되는 시간이 오래 걸립니다.

베이킹소다 고르는 법

　유해성 논란이 있는 황산알루미늄암모늄이나 소암모늄명반(알루미늄), 그리고 탄수화물인 밀가루나 전분이 섞여 있지 않은 제품, 원재료가 탄산수소나트륨 100%인 식용 제품을 고릅니다.

재료 천사채 500g, 식용 베이킹소다 1큰술

❶ 끓는 물에 천사채를 넣고 물에 잠기도록 잘 젓는다.

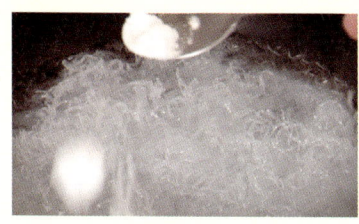

❷ ①에 베이킹소다를 넣고 면이 풀어지도록 잘 저으면서 끓인다. 꼬들꼬들하면서도 너무 풀어지지 않게 면의 상태를 잘 보며 익히는 시간을 조절한다.

❸ 잘 익어 먹기 좋은 식감이 되면 찬물에 여러 번 헹군 다음 체에 밭쳐 물기를 뺀다. 밀폐용기에 담아 냉장 보관하면 일주일까지 보관 가능하다.(신선도에 따라 다를 수 있음.)

2 곤약면

식감	맛	조리 난이도
●○○○○	●○○○○	●●●●○

곤약은 특유의 고약한 향이 식욕을 감소시키지만(?) 칼로리와 탄수화물 함량이 낮아 다이어트의 공식처럼 여겨지는 식재료입니다. 다만 곤약은 소화가 잘 되지 않아 소화기관이 약한 사람은 많이 섭취하면 소화 장애를 일으킬 수 있어 주의가 필요합니다. 특히 곤약 제품 중 유독 '곤약면'을 먹고 탈이 나는 경우를 많이 봤으니 꼭 조심하세요.

곤약면 고르는 법

정제수와 곤약분(한천), 극소량의 수산화칼륨만으로 이루어진 제품인지 확인합니다. 곤약만을 가지고 면을 만들 경우 식감이 뚝뚝 끊기고 곤약 특유의 고약한 향이 나기 때문에 여러 재료를 섞어서 만드는 경우가 많습니다. 다이어트와 관련 없는 성분이 섞여 있지는 않은지 매의 눈으로 원재료를 살펴봐야 합니다.

만드는 법

재료 곤약면 1봉지(200g), 식초 1큰술

❶ 곤약면은 흐르는 물에 여러 번 헹군다.

❷ 끓는 물에 식초를 넣고 곤약면을 넣어 10~20초 정도 데친다.

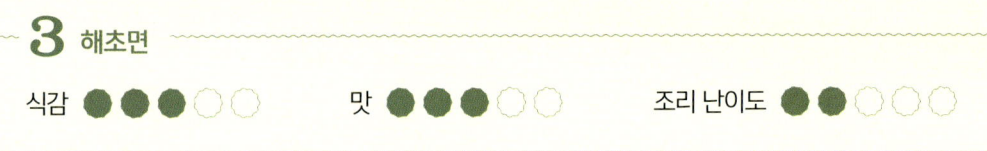

3 해초면

식감 ●●●○○　　　맛 ●●●○○　　　조리 난이도 ●●○○○

해초면은 다시마면, 톳면, 미역국수 등 해초로 만든 면을 지칭합니다. 해초면은 제품을 개봉해 물에 헹궈 바로 먹으면 되기 때문에 맛불리가 소개하는 면 중 가장 사용하기 간편한 면이랍니다! 성분은 천사채처럼 알긴산나트륨이 주 원재료 중 하나인데, 천사채보다는 첨가 비율이 낮고 해초 본연의 원재료를 더 살려 특유의 자연적인 맛과 향이 있어요. 비릿한 향 때문에 호불호가 있겠지만 거부감이 없다면 꽤 매력적인 맛입니다. 하지만 식감은 제품에 따라 천차만별이에요. 부드러운 식감을 가진 제품이 있는가 하면, 곤약면처럼 꼬들꼬들하고 잘 끊기는 제품도 있습니다.

　해초(다시마, 톳, 미역 등), 알긴산나트륨(1% 이하), 제이인산칼륨(1% 이하), 곤약(한천 또는 없을 수 있음)만으로 이루어진 제품인지 확인합니다. 탄수화물 함량도 꼭 확인해야 하는데, 제품 중에 간혹 탄수화물이 제법 많이 들어 있는 경우도 있기 때문입니다. 100g당 탄수화물 함량이 3g 이하인 것으로 고르세요. 그리고 제품과 함께 제공되는 소스는 다이어트와 관련 없는 성분인 경우가 대부분이니 주의하세요.

4 두부면

식감 ●●○○○　　　맛 ●●○○○　　　조리 난이도 ●●●●○

　마라탕이나 훠궈 같은 음식을 즐긴다면 두부면도 익숙할 거예요! 두부면은 말 그대로 두부로 만든 면으로 밀가루나 전분으로 만든 면에 비해 탄수화물 함량이 적은 편입니다. 하지만 특유의 식감과 강한 두부 향 때문에 호불호가 크게 갈려요. 잘못 요리할 경우 요리 전체가 두부 향으로 가득해지기 때문에 맛불리가 느끼기엔 조리하기가 까다로운 재료예요.

두부면 고르는 법

　맛불리는 두부면도 국산 콩으로 만든 제품을 사용하는 편이며, 원재료에 유화제가 없는 제품을 고릅니다. 두부면도 제품에 따라 탄수화물 함량 차이가 나기 때문에 100g당 3~5g인 제품을 고르면 좋습니다.

사용법

　흐르는 물에 여러 번 헹군 뒤 끓는 물에 식초 2~3큰술을 넣고 데치면 향을 중화시킬 수 있습니다. 강력한 향 때문에 맛불리는 면 요리에 두부면을 선호하지 않는 편이에요.

채소를 맛있게 만들어주는
기특한 드레싱

① **참치요거트 드레싱**   참치 50g + 무가당 요거트 100g

② **명란요거트 드레싱**   명란 20g + 무가당 요거트 50g + 토마토퓌레 30g

③ **스리라차머스터드 드레싱**   닭표 스리라차 소스 15g + 하인즈 머스터드소스 15g

④ **스리라차참기름 드레싱**   닭표 스리라차 소스 30g + 참기름 15g

⑤ **들기름**   들기름은 앞서 설명한 것처럼 다이어트에 도움을 주는 오메가3가 풍부한 기름입니다. 다이어트에는 볶지 않은 생들기름을 열을 가하지 않은 상태로 섭취하는 것이 가장 좋아요. 비빔밥이나 샐러드에 넣어 먹기 좋지요. 다만 일반 들기름에 비해 생들기름(46쪽 참조)은 향이 거의 없어 단독으로 먹기에는 조금 아쉬워요. 맛불리는 들기름 향을 느끼고 싶을 때 한 끼당 일반 마트에서 파는 들기름(들깨를 볶아 만든 것) 1~2큰술 정도는 먹습니다. 샐러드에 들기름만 뿌려 먹어도 맛있고, 달걀 프라이와 무가미 김가루를 넣어 먹어도 맛있어요.

⑥ **발사믹맛 소스**   올리브 오일(또는 아보카도 오일), 간장, 식초를 1:1:1로 섞어 만들어요. 샐러드에 발사믹 소스를 뿌려 드시는 분이 많을 텐데요, 만약 다이어트 중이라면 지금 당장 먹고 있는 발사믹 소스의 영양 성분표를 보세요. 제품마다 다르겠지만 탄수화물뿐만 아니라 설탕이 많이 들어 있는 경우도 있어요. 이런 제품은 저탄수화물 다이어트에 적합하지 않습니다. 여기에서 소개하는 발사믹맛 소스는 발사믹과 완전히 똑같은 맛은 아니지만 샐러드에 뿌렸을 때 비슷한 맛과 향이 나요. 발사믹에 간장이 왜 들어가는지 의심스럽겠지만 간단히 만들 수 있으니 속는 셈 치고 한번 만들어보세요!

PART 1

외식 공격과
요리 지옥으로부터 탈출!
5일치 밀프렙

　여러분은 어떤 환경에서 다이어트를 하고 있나요? 다이어터마다 처한 환경이 다르기 때문에 어려움을 느끼는 부분도 다를 수밖에 없습니다. 많은 분이 〈맛불리TV〉에 댓글로 고민을 이야기하는데, "만들기 귀찮아요"와 "직장 다니느라 만들 시간이 없어요"라는 말을 가장 많이 합니다. 시간적 여유가 있고 요리도 좋아서 직접 만들어 먹는 데 어려움을 느끼지 않는 분들도 있지만, 그렇지 못한 분도 많으니까요. 맛불리도 매우 격하게 외식하고 싶을 때가 있고, 식단 준비가 노동으로 느껴지기도 해서 대충 때울 때가 많아 그 마음 충분히 이해해요. 하지만 음식을 계속 사 먹는다면 다이어트를 지속하기는 어려울 거예요.

　사 먹는 음식의 숨은 문제는 '적게 먹으며 다이어트를 해야지'라는 생각입니다. 적게 먹는 방법으로 누구나 다이어트에 성공할 수 있다면, 이 세상에 '다이어터'란 존재하지 않을지도 몰라요. 파는 음식은 맛있어야 잘 팔리기 때문에 설탕과 같은 정제 탄수화물을 아낌없이 넣고, 심지어 설탕이 들어 있는 다이어트 식품이나 샐러드드레싱도 많으니 정말 자본주의 앞에서 다이어터에게 자비란 없죠. '정제 탄수화물'은 소화 흡수가 빨라 포만감이 금방 사라질 뿐만 아니라 다이어트에 불리한 호르몬들을 대폭 증가시켜 살찌는 체질을 만드는 것은 물론 식욕을 통제하기 어렵게 만듭니다. 정제 탄수화물이 많이 들어간 음식을 적게 먹으면서 다이어트를 한다는 것은 언젠가 폭발할 폭탄을 안고 목표를 향해 달리는 꼴이에요.

　물론 사 먹는 음식이 다 그렇다는 것은 아닙니다. 최근 다이어트 트렌드가 변하면서 저탄수화물 다이어트를 하는 사람들을 위한 식당들이 생겨나기 시작했어요. 사 먹을 수 있는 음식이라고는 샐러드밖에 없었던 우리 다이어터들의 선택권이 조금은 넓어진 것 같아 기분이 좋더라고요. 이런 음식점이 더욱 많아진다면 간편하게 다이어트식을 먹을 수 있겠지요!

하지만 아직 그런 식당이 많지 않고 우린 바로 오늘부터 다이어트를 하고 싶잖아요. 그래서 한 번 만들어 무려 5끼를 해결할 수 있는 '5일치 밀프렙'을 준비했습니다. 우리의 시간은 소중하니까요! 일요일 저녁에 만들어 냉장고에 두면 꺼내 먹을 때마다 간편해서 절로 신이 날 겁니다.

※ **주의** 밀프렙은 하루에 1끼만 먹는 식단이 아닙니다. 직장인들이 보통 주 5일 출근하는 것을 고려해서 점심식사용 5끼로 구성했습니다. 맛불리는 하루 2끼 식사를 추천합니다.

모집 인원
1 직장에서도 다이어트를 하고 싶은 자
2 끼니마다 만들어 먹으려면 귀차니즘이 돋는 자

지령
귀차니즘이 다가오고 있습니다.
한 번에 해치워 요리 노동으로부터 벗어나십시오.

※ 녹색 잎 생채소를 곁들여 먹지 않을 시 패널티 발생!
  패널티: 배부름 게이지 감소

○ 성공 보상: 간편함, 외식 공격 회피
○ 추가 랜덤 보상: 설거지 지옥행 확률 감소
○ 실패 시 외식 공격 데미지, 만들다 지침, 한 가지 음식에 물림 중 랜덤 패널티

편의점 삼각김밥보다 크고 든든

콜리플라워주먹밥

재료 (1회분)

- ○ 콜리플라워 라이스 100g(한 끼에 200g까지 가능)
- ○ 밥 3큰술(50g)
- ○ 가쓰오부시 2g
- ○ 무가미 김 원하는 만큼
- ○ 녹색 잎 생채소 반 줌
- ○ 들기름 1큰술
- ○ 후추 약간
- ○ 삶은 메추리알 5~7개(또는 삶은 달걀 1개)
- ○ 훈제 오리나 팩 참치 50g

양념장 재료

- ○ 닭표 스리라차 소스 1큰술
- ○ 고춧가루 1/2큰술

동영상이 짠!

🖊 맛불리 팁

• 콜리플라워 라이스는 밥보다 점성이 약해 너무 많은 양은 잘 뭉쳐지지 않아요.

• 5일치 밀프렙으로 만들 때는 재료를 5배로 준비해 같은 방법으로 주먹밥 5개를 만드세요. 단, 김은 미리 붙여 놓으면 눅눅해질 수 있으니 ⑤번 과정을 생략하고 랩을 씌운 채로 보관해두었다가 먹기 전에 붙이는 게 좋아요.

무가미 김은 적당량 잘게 썰고 양념장 재료는 섞어서 준비한
다. 볼에 잘게 썬 생채소, 가쓰오부시, 메추리알, 훈제 오리,
들기름, 후추를 넣은 뒤 잘게 썬 김과 양념장도 넣고 섞는다.
섞으면서 메추리알은 살짝 으깬다.

해동한 콜리플라워 라이스와 밥을 섞는다.

랩 위에 ②의 반을 넓게 펼치고 ①을 올린 다음 나머지 ②를
올린다.

랩을 오므려 주먹밥 모양으로 만든 뒤 랩을 벗긴다.

김을 붙인다.

 냉장 보관 5일(재료의 신선도에 따라 다를 수 있음)

밥을 뭉치는 것도 귀찮을 때
콜리플라워비빔밥

재료 (1회분)

- 콜리플라워 라이스 100g(한 끼당 200g까지 가능)
- 밥 3큰술(50g)
- 가쓰오부시 1g
- 무가미 김 원하는 만큼
- 녹색 잎 생채소 한 줌
- 들기름 1큰술
- 소금·후추 약간씩

선택 재료

- 삶은 메추리알 5~7개(또는 삶은 달걀 1개)
- 훈제 오리나 팩 참치 50g

🖊 맛불리 팁

- 녹색 잎 생채소는 생채소 믹스를 사용하면 더 간편해요.

- 볼에 재료만 넣어 비비면 되므로 밀프렙뿐만 아니라 간편한 한 끼 식사로 드셔도 좋아요.

- 5일치 밀프렙으로 만들 때는 재료를 5배로 준비해 만들고 밀폐 용기 5개에 나누어 담아요. 녹색 잎 생채소, 무가미 김은 눅눅해지지 않도록 다른 재료와 함께 비비지 않고 따로 담으면 좋아요.

동영상이 뙇

1 볼에 밥, 해동한 콜리플라워 라이스, 녹색 잎 생채소, 잘게 찢은 무가미 김, 들기름, 가쓰오부시, 소금, 후추를 넣고 비빈다. 포만감을 위해 삶은 메추리알이나 훈제 오리 등을 추가해도 좋다.

보관 **냉장 보관 5일**(재료의 신선도에 따라 다를 수 있음)

고슬고슬 심심한 매력

황금볶음밥

재료 (5회분)

- ○ 달걀 10개
- ○ 밥 250g
- ○ 콜리플라워 라이스 700g
- ○ 소금·후추 약간씩
- ○ 기버터 또는 무향 정제 코코넛 오일 1/2큰술

선택 재료

- ○ 다진 고기 또는 팩 참치 또는 새우 100g
- ○ 닭표 스리라차 소스 5큰술
- ○ 슬라이스 치즈 5장
- ○ 무가미 김 원하는 만큼
- ○ 방울토마토 10~15개

샐러드 재료

- ○ 녹색 잎 생채소 원하는 만큼
- ○ 팩 참치 5큰술
- ○ 스트링 치즈 5개
- ○ 무가당 요거트 5큰술

맛불리 팁

- · 황금볶음밥에는 깻잎이 잘 어울려요.

- · 선택 재료 중 다진 고기는 소고기, 돼지고기, 닭고기 등 원하는 고기를 사용하세요.

동영상이 뙇

1 볼에 밥, 콜리플라워 라이스, 달걀, 소금을 넣고 밥이 뭉친 부분이 없도록 섞는다.

2 팬에 기버터를 두르고 ①을 중불에 볶는다. 5일 내내 먹기 지겨울 것 같으면 새우나 고기, 참치를 추가해서 볶고, 소금과 후추로 간을 맞춘다.

3 도시락 5개에 나눠 담고 생채소와 잘게 자른 김, 방울토마토를 올린다. 원하는 경우 슬라이스 치즈를 올리거나 스리라차 소스도 뿌린다.

4 다른 용기 5개에 녹색 잎 생채소를 나눠 담고 적당히 자른 스트링 치즈와 참치도 나눠 담는다. 드레싱으로 무가당 요거트를 작은 그릇에 따로 담은 뒤 랩을 씌워 함께 둔다.

 보관 **냉장 보관 5일**(재료의 신선도에 따라 다를 수 있음)

쌈밥 맛! 고깃집 된장찌개에 밥 비벼 먹는 맛!

강된장비빔밥

재료 (5회분)

- ○ 새송이버섯 또는 원하는 버섯 3개
- ○ 된장 80g(소복하게 2큰술)
- ○ 양배추 1kg
- ○ 다진 마늘 5쪽 분량
- ○ 양파(작은 것) 1개
- ○ 무향 정제 코코넛 오일 또는 기버터 1/2큰술
- ○ 고춧가루 2큰술
- ○ 다진 고기 200g
  (소고기·팩 참치·닭 가슴살·돼지고기 중 선택)
- ○ 밥 250g
- ○ 녹색 잎 생채소 원하는 만큼

선택 재료

- ○ 청양고추 1개

동영상이 짠!

맛불리 팁

- 간이 좀 싱겁다 싶으면 마지막에 간장 1~2큰술을 넣고, 매운맛을 더하고 싶으면 마지막에 청양고추를 썰어 넣으세요.

- 채소에 곁들일 드레싱은 발사믹 맛 소스(70쪽 참조)를 추천합니다.

- 샐러드드레싱은 작은 그릇에 따로 담아 랩을 씌워야 채소가 녹녹해지지 않아요.

 새송이버섯을 차퍼에 넣어 다진다.

 양파, 양배추도 차퍼에 넣어 다진다.

 달군 팬에 코코넛 오일을 두르고 다진 마늘을 노릇노릇하게 볶는다.

 ③의 팬에 ①과 ②를 더해 볶는다.

 채소에서 물이 나오면 전체 양의 반 정도를 물기 없는 위쪽에 서 덜어 볼에 담아둔다.

 ⑤의 팬에 다진 고기를 넣고 고기가 익을 때까지 볶다가 된장, 고춧가루를 넣고 채소가 살짝 눅눅해질 때까지 더 볶는다.

⑤에서 따로 담아둔 채소볶음과 밥을 섞은 뒤 도시락 5개에 나눠 담고 ⑥의 강된장도 나눠서 올려 담는다.

녹색 잎 생채소도 나눠서 올려 담는다. 강된장과 채소 사이에 랩을 깔면 채소가 눅눅해지지 않는다. 채소를 따로 먹고 싶다면 다른 도시락에 채소와 드레싱을 담는다. 먹을 때는 랩을 제거하고 비벼 먹는다.

 보관   **냉장 보관 5일**(재료의 신선도에 따라 다를 수 있음)

채소 싫은 사람도 김밥은 좋아하지

셀프김밥(LA김밥)

재료 (5회분)

- ○ 콜리플라워 라이스 또는 다진 양배추 340~700g
- ○ 닭 가슴살 200~250g
- ○ 칵테일 새우(작은 크기) 약 100g
- ○ 달걀 2~4개
- ○ 물 25~50ml
- ○ 팩 참치 약 200g
- ○ 슬라이스 치즈 10장
- ○ 밥 250g
- ○ 기버터 또는 무향 정제 코코넛 오일 1/2작은술
- ○ 파프리카·당근·깻잎·오이·무가미 김 원하는 만큼
- ○ 소금 약간

맛불리 팁

• 불 쓰기 귀찮을 때의 재료
곤약밥(또는 콜리플라워밥, 달걀밥, 양배추밥 중 선택) 5회분, 팩 참치 300~400g, 슬라이스 치즈 10~15장, 밥 250g, 김 원하는 만큼, 소금 약간

동영상이 딸

볼에 달걀과 물을 4:1 비율로 넣고 소금을 뿌려 섞는다.(달걀 2개면 물 25ml 정도, 달걀 4개면 물 50ml 정도.)

달군 팬에 기버터를 두른 다음 ①의 달걀물을 부어 약불에 익힌다.

달걀을 익혔던 팬에 따로 기름을 두르지 않고 새우를 올려 익힌다.

팬에 콜리플라워 라이스를 3분 정도 볶아 수분을 날린다.

볼에 ④의 콜리플라워 라이스와 밥을 넣고 소금을 뿌린 뒤 섞는다.

닭 가슴살은 삶거나 에어프라이어 등에 익힌 뒤 채 썰고, 생채소, 달걀, 새우 모두 도시락 크기에 맞춰 채 썬다. 채소는 키친타월로 물기를 제거하고 채 썬다.

7

도시락 5개에 채 썬 채소, 달걀, 닭 가슴살, 새우, 참치, 밥을 나눠 담고, 슬라이스 치즈는 2장씩 비닐째 잘라 넣었다가 먹을 때 비닐을 벗긴다. 무가미 김도 따로 챙긴다.

8

무가미 김에 각 재료들을 올려서 싸 먹는다.

보관

냉장 보관 5일(파프리카, 오이, 콜리플라워 라이스의 수분을 잘 제거할 것)

치즈폭탄밥

재료 (1회분)

- 닭 가슴살 한 덩이(100~140g)
- 파프리카 1/2개 ○ 마늘 2쪽
- 칵테일 새우 60g(큰 새우 4마리)
- 간장 2큰술 ○ 깻잎 2~3장
- 콜리플라워 라이스 120g
- 닭표 스리라차 소스 1큰술
- 모차렐라 치즈 60~70g*
- 방울토마토 한 끼에 6~8개
- 녹색 잎 생채소 원하는 만큼

선택 재료

- 양파 1/4개

추천 드레싱

- 무가당 요거트 2큰술
- 식초 1큰술
- 간장 1큰술
- 된장 1/2작은술*

맛불리 팁

· 사실 진짜 밥은 들어가지 않아요!

· 5일치 밀프렙으로 만들 때는 재료를 5배로 준비해 만들고 밀폐 용기 5개에 나누어 담아요. 단, 샐러드 드레싱은 따로 담아두었다가. 먹기 전에 뿌리는 게 좋아요.

* 모차렐라 치즈는 트랜스 지방이 100g당 1g 미만인 제품, 제품 뒷면에 [축산물 가공품 유형] 항목이 '자연 치즈'인 제품을 고르세요.

* 쌈장은 당질이 많아서 안 돼요.

동영상이 뙇

끓는 물에 닭 가슴살과 새우를 넣고 10~15분간 끓여 완전히 익힌다. 소주 1/2잔을 넣고 끓이면 잡내 제거에 도움이 된다. 다 익으면 건져서 식힌다.

차퍼에 파프리카, 양파, 마늘, 깻잎, ①의 새우 2마리와 닭 가슴살을 넣고 다진다.

콜리플라워 라이스를 전자레인지에 해동한 뒤 ②에 넣는다.

③에 간장과 스리라차 소스를 넣고 비빈다.

전자레인지 용기에 ④와 모차렐라 치즈를 번갈아 층층이 쌓는다.

⑤에 남은 새우 2마리와 치즈를 올린다.
(먹기 전에 전자레인지에 1분 정도만 돌려서 치즈를 녹여 드세요.)

포만감을 위해 샐러드도 곁들인다. 다른 용기에 녹색 잎 생채소와 방울토마토를 담고 드레싱을 만들어 끼얹는다.

냉장 보관 5일(최대한 빨리 소진하는 것이 좋음)

닭볶음탕밥

재료 (5회분)

- ○ 닭 가슴살 다섯 덩이(500~700g)
- ○ 까나리액젓 2큰술
- ○ 간장 6큰술
- ○ 양파(작은 것) 1개
- ○ 다진 마늘 3쪽 분량
- ○ 고춧가루 2큰술
- ○ 무향 정제 코코넛 오일 1큰술(+팬에 두를 1/2작은술)
- ○ 콜리플라워 라이스 700g
- ○ 밥 250g
- ○ 물 200ml
- ○ 녹색 잎 생채소 원하는 만큼
- ○ 무가미 김가루 원하는 만큼

선택 재료 (1회분)

- ○ 치즈 30g 이하
- ○ 토마토 1/2개

동영상이 뙇

맛불리 팁

- 곁들이는 채소는 깻잎, 상추, 파프리카, 양상추, 토마토가 포만감도 느껴지고 좋아요.

- 채소에 뿌릴 드레싱은 참치요거트 드레싱이나 발사믹맛 소스를 추천합니다(70쪽 참조).

- 닭고기는 다른 부위도 괜찮습니다. 닭 가슴살을 쓰지 않으면 코코넛 오일은 생략해도 됩니다.

볼에 물과 굵게 다진 양파, 고춧가루, 간장, 까나리액젓, 다진 마늘, 코코넛 오일을 넣고 섞는다.

닭 가슴살을 한입 크기로 썰어 ①의 양념장을 넣고 버무린다.

콜리플라워 라이스를 해동해 밥과 섞는다.

팬에 코코넛 오일을 두르고 ②를 넣어 고기가 익을 때까지 중불에서 볶는다.

④의 팬 한쪽에 ③을 넣어 볶다 무가미 김가루를 넣고 섞는다.

전자레인지 용기 5개에 밥과 닭볶음을 나눠 담고, 다른 용기에 생채소와 토마토, 치즈, 드레싱도 나눠 담는다.

 보관 냉장 보관 5일(최대한 빨리 소진하는 것이 좋음)

참치깡장밥

재료 (5회분)

○ 양파 1/2개

○ 팽이버섯(동량의 다른 버섯으로 대체 가능) 1봉

○ 마늘 3쪽

○ 팩 참치 300g

○ 고춧가루 2큰술

○ 까나리액젓 또는 멸치액젓 2큰술

○ 간장 8큰술

○ 닭표 스리라차 소스 6큰술

○ 콜리플라워 라이스 700g

○ 밥 250g

○ 녹색 잎 생채소 많이

선택 재료

○ 생크림 200ml

○ 토마토퓌레 3큰술

○ 후추 약간

동영상이 땅

맛불리 팁

• 먹기 전에 뚜껑을 닫은 채 흔들어서 섞으면 먹기 편해요!

팽이버섯은 끓는 물에 5분간 익힌다. 익힌 팽이버섯, 마늘, 양파를 다져 참치와 섞는다.

볼에 생크림, 고춧가루, 까나리액젓, 간장, 스리라차 소스, 토마토퓌레, 후추를 넣고 섞는다.

②에 ①을 넣고 잘 섞는다. 하루 정도 냉장고에 넣어 숙성시키면 더 맛있다.

콜리플라워 라이스를 해동해 밥과 섞는다.

전자레인지 용기 5개에 ④의 밥과 ③의 참치깡장, 녹색 잎 생채소를 함께 담는다.

 냉장 보관 5일(재료의 신선도에 따라 다를 수 있음)

제육볶음김밥

재료 (1회분)

- 제육볶음 1회분(210쪽 참조)
- 곤약밥 100g(만드는 법 61쪽 참조)
- 무가미 김가루 원하는 만큼
- 김밥용 김 1장
- 식초 1큰술
- 소금·후추 약간씩
- 달걀 2개
- 물 50ml
- 무향 정제 코코넛 오일 1작은술
- 슬라이스 치즈 1장

맛불리 팁

• 5일치 밀프렙을 만든다면 재료를 5배로 준비해 만들어요. 제육볶음을 만들어 김밥, 주먹밥(100쪽), 오므라이스(212쪽)를 다양하게 준비해도 좋아요 귀찮지 않다면!

동영상이 뙇

 곤약밥에 무가미 김가루, 식초, 소금, 후추를 넣고 섞은 뒤 김밥용 김 위에 넓게 편다. 그 위에 제육볶음과 치즈를 올린다.

 김의 끝부분부터 잘 말아준다.

 물에 달걀, 소금을 넣고 잘 섞어 달걀물을 만든다. 달군 팬에 코코넛 오일을 조금 넣어 골고루 펴고 달걀물 1/4을 먼저 넣는다.

 달걀물 표면이 익으면 ②의 김밥을 반으로 잘라서 올려 돌돌 만다.

 남은 달걀물을 1/4씩 올려 표면이 익었을 때 돌돌 말기를 반복한다. 남은 ②의 김밥도 같은 방법으로 달걀물을 입힌다.

 ⑤를 팬에서 꺼내 적당한 크기로 썬다.

 보관 **냉장 보관 5일(재료의 신선도에 따라 다를 수 있음)**

제육볶음주먹밥

재료 (1회분)

- ○ 제육볶음 1회분(210쪽 참조)
- ○ 곤약밥 100g(만드는 법 61쪽 참조)
- ○ 무가미 김가루 원하는 만큼
- ○ 김밥용 김 1장
- ○ 식초 1큰술
- ○ 소금·후추 약간씩

맛불리 팁

• 랩은 글래드 매직랩을 사용했어요.

• 컵달걀찜(106쪽 참조)과 같이 먹으면 포만감을 더할 수 있어요.

• 5일치 밀프렙을 만든다면 재료를 5배로 준비해 같은 방법으로 주먹밥 5개를 만드세요. 랩을 씌운 채로 보관해두었다가 드시기 전에 잘라서 드세요.

동영상이 팡

곤약밥에 무가미 김가루, 식초, 소금, 후추를 넣고 섞는다. 랩의 매끈한 면 위에 김밥용 김을 올리고 양념한 곤약밥을 넓게 편다.

밥 위에 제육볶음을 올리고 김의 모서리부터 접으며 감싼 다음 랩으로 꽁꽁 싼다.

랩의 끈끈한 면을 안쪽으로 놓고 한 번 더 세게 꽉 누르며 싸서 주먹밥을 완성한다.

먹기 전에 반으로 자르면 먹기에 편하다.

 냉장 보관 5일(재료의 신선도에 따라 다를 수 있음)

PART 2

귀찮은 날도
다이어트는 계속된다

꿈인 듯 어디선가 알람 소리가 들려 천근만근 내려오는 눈꺼풀을 들어 올리는 순간, 어제 유튜브 좀 덜 보고 일찍 잘 걸 하는 후회가 밀려옵니다. 바로 일어나면 아침을 먹을 수 있는 시간이지만 누운 채로 스마트폰을 눌러보며 정신을 차리다 보면 출근 준비하기에도 빠듯한 시간이 되죠. 바쁘게 회사로 가는 길에 편의점에 들러 간단히 배고픔을 달랠 만한 것을 삽니다. 먹고 싶은 것은 많지만 다이어트 중이니 흰 우유나 두유를 고릅니다.

자, 이런 분 많으시죠! 편의점 음식의 달콤한 유혹을 뿌리치고 다이어트 음료로 보이는 것을 고르신 분들! 카페에서 과일 주스를 사서 출근하는 분들! 얼마 전에 인터넷으로 주문한 선식을 텀블러에 챙겨 출근하는 분들! 밀가루와 버터를 넣지 않았다니 왠지 다이어트에 도움이 될 것 같아 사둔 통밀빵 한 조각을 챙겨 출근하는 분들!

아쉽지만 전부 다이어트에는 전혀 도움이 되지 않는 음식들입니다. 아침뿐만 아니라 손 하나 까딱하기 싫은 날 끼니를 대충 때우고 싶을 때도 먹기 좋은 음식들이죠. 하지만 액체 형태의 음식은 앞에서도 이야기했듯이 씹는 과정이 없어 뇌가 음식으로 인지하지 못하고 포만감도 못 느낍니다. 게다가 매우 빠르게 흡수되고 혈당도 빨리 올려요. 특히 채소나 과일 주스는 갈거나 즙을 내는 과정에서 좋은 영양분이 파괴되는 데다 설탕이 들어 있는 경우가 많으니 주의해야 합니다.

그리고 우유는 유당과 지방 함량이 높은데, 두 에너지원을 액체 형태로 섞어 먹는 셈이라 다이어트에 그리 도움되는 음식은 아니에요. 선식과 같은 곡물 가루는 탄수화물 비중이 커요. 그런데 선식을 우유에 타 먹으면? 다이어트와는 정말 멀어지는 거죠. 간편하게 때우는 통밀빵, 오트밀, 귀리, 다이어트 시리얼 등 모두 마찬가지예요. 영양 성분표 보는 방법에서도 설명했듯 결국 곡물과 가루로 만든 음식이고, 같은 중량 대비 오히려 쌀보다도 탄수화물 함량이 높은 제품이 많습니다.

그럼 대체 뭘 먹냐고요? 그래서 이번에는 맛불리 레시피 중에서도 손꼽히게 간단한 레시피들을 소개합니다.

모집 인원
1 바쁜 아침에도 배는 고픈 자
2 후루룩 마시는 음료로 한 끼 때우려는 자

지령
시간도 체력도 없습니다. 뚝딱 만들어서 배고픔을 해소하십시오.

※ 녹색 잎 생채소를 곁들여 먹지 않을 시 패널티 발생!
　패널티: 배부름 게이지 감소

◯ 성공 보상: 간편함, 편의점 공격 회피
◯ 추가 랜덤 보상: 출근길 지출 감소
◯ 실패 시 점심 폭식 데미지, 살은 찌는데 배는 안 부름 중 랜덤 패널티

5분이면 완성

컵달걀찜

재료

- 달걀 2개
- 참치액 1큰술
- 소금·후추 약간씩
- 물 50ml

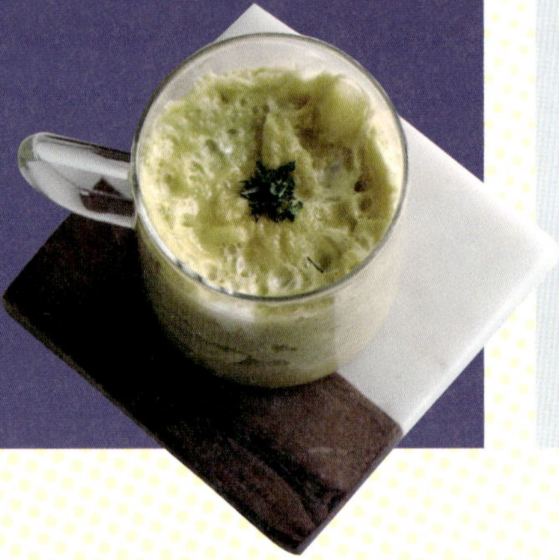

맛불리 팁

• 달걀찜은 간단한 아침으로 먹어도 좋고, 제육주먹밥 밀프렙이나 제육덮밥에 곁들여 먹어도 부담 없이 좋습니다.

1

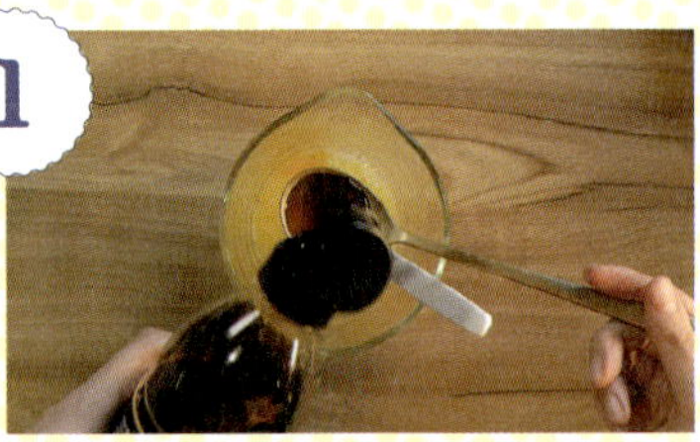

전자레인지 용기에 물, 달걀, 참치액, 소금, 후추를 넣고 잘 섞는다.

2

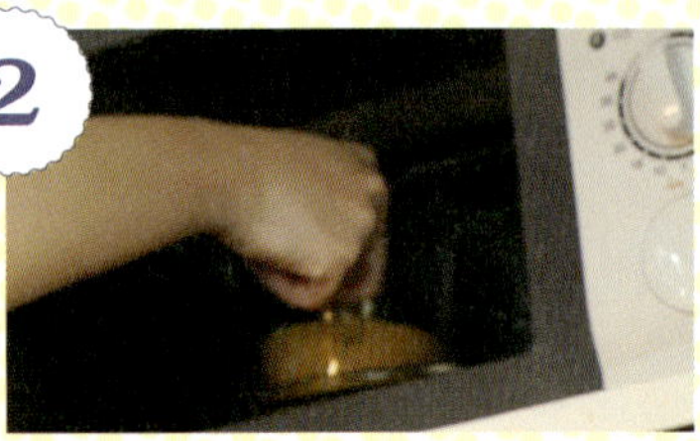

전자레인지에 2분간 돌린다.

동영상이 퐝

요거볼

재료

○ 무가당 요거트 100g

○ 아몬드 2알

○ 호두 1/2알

맛불리 팁

• 견과류는 생각보다 탄수화물이 많아 집게손가락 두 마디 정도의 양이 적당합니다.

① 볼에 요거트를 넣고 아몬드와 호두를 으깨어 넣는다.

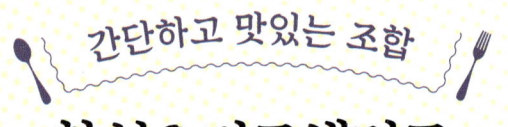

간단하고 맛있는 조합

참치요거트샐러드

재료

- 무가당 요거트 150g
- 참치 150g
- 녹색 잎 생채소 원하는 만큼

선택 재료

- 스트링 치즈 1개
- 방울토마토 1~2개

맛불리 팁

- 녹색 잎 생채소는 상추, 양배추,
  양상추 등을 추천해요.

① 볼에 모든 재료를 넣고 섞어 먹는다.

양배추토마토밥

재료

- 양배추 150~250g
- 방울토마토 5~6개
- 밥 50g
- 달걀 2개
- 간장 2큰술
- 슬라이스 치즈 2장
- 녹색 잎 생채소 원하는 만큼

선택 재료

- 식초 2큰술

맛불리 팁

- 아주 많이 귀찮고 시간 없는 분들을 위한 레시피예요.

- 생각보다 정말 맛있다는 댓글이 많았어요!

동영상이 팡

양배추와 방울토마토를 볼에 넣고 가위로 잘게 자른다.

①에 밥, 달걀, 간장, 식초를 넣고 잘 섞는다.

전자레인지에 넣고 달걀이 익을 때까지 3~5분 돌린다.

③에 치즈를 올리고 전자레인지에 1~2분 더 돌린 뒤 녹색 잎
생채소를 곁들인다.

닭가슴살밥전

재료

○ 닭 가슴살 한 덩이(100~140g)

○ 새우 100g

○ 마늘 3쪽

○ 양배추 한 줌(120g 정도)

○ 밥 50g

○ 소금·후추 약간씩

○ 기버터 1/2큰술

○ 방울토마토 5~10개

○ 녹색 잎 생채소 원하는 만큼

선택 재료

○ 닭표 스리라차 소스 적당량

맛불리 팁

• 스리라차 소스를 뿌려 먹어도 맛있어요.

• 와플팬이 없다면 에어프라이어로 구워도 됩니다.

동영상이 짠

닭 가슴살, 새우, 마늘, 양배추를 차퍼에 넣어 잘게 간다. (핸드 블렌더나 칼을 사용해도 된다.)

①에 밥을 넣고 소금, 후추를 취향껏 뿌린 뒤 섞는다.

예열한 와플팬에 기버터를 두르고 ②를 올린다.

약불로 정방향에서 2분간, 역방향에서 4분간 구운 뒤 방울토마토와 녹색 잎 생채소를 곁들인다.

담백한데 이렇게 맛있다고?

두부와플샌드위치

재료

- 두부 1/3모(160g 정도)
- 슬라이스 치즈 2장
- 달걀 1개
- 양배추 한 줌(120g 정도)
- 녹색 잎 생채소 원하는 만큼
- 무향 정제 코코넛 오일 1/2큰술
- 하인즈 머스터드소스 적당량
- 소금·후추 약간씩

선택 재료

- 닭표 스리라차 소스 적당량

🖋 맛불리 팁

- 들고 먹을 수 있는 샌드위치는 아니에요. 우아하게 포크로 드세요.
- 방울토마토를 곁들여 드셔도 좋아요.

두부를 적당한 두께로 평평하게 자른다. 모양이 조금 망가져도 괜찮다.

자른 두부에 키친타월을 덮고 살살 눌러 물기를 제거한다.

예열한 와플팬 위 아래 면 모두 코코넛 오일을 바른다.

②의 두부를 와플팬에 넣고 2분간 눌러서 굽다가 열어서 달걀을 깨서 올린 뒤, 소금과 후추를 취향껏 뿌리고 다시 닫는다.

30초 후 와플팬를 열고 슬라이스 치즈 1장을 올려 자연스럽게 녹인다. 뚜껑은 닫지 않는다.

양배추를 채 썰어 접시 위에 올리고 녹색 잎 생채소도 올린 다음 머스터드소스를 뿌린다.

⑥의 채소 위에 남은 슬라이스 치즈를 올리고 그 위에 ⑤의 두부 와플을 꺼내 올린다.

취향에 따라 스리라차 소스를 뿌려도 좋다.

들기름막국수

재료

- 해초면 180~200g
- 상추 원하는 만큼
- 비조미 김가루 원하는 만큼
- 들깨가루 1큰술
- 들기름 3큰술

양념장

- 참치액 2큰술
- 간장 1큰술
- 식초 1/2큰술

맛불리 팁

- 이번 레시피는 생들기름보다는 일반 들기름으로 만들어야 맛과 향을 더 즐길 수 있어요.

- 해초면은 탄수화물 함량이 제법 높은 제품도 있으므로 반드시 제품 뒷면에서 탄수화물 함량을 확인하세요. 해초면 대신 당면화한 천사채로 만들어도 좋아요.

- 들깨가루는 탄수화물 함량이 제법 높아 모든 레시피에 응용하기엔 무리예요. 이번 레시피는 탄수화물 함량이 매우 낮은 편이므로 소량만 넣습니다.

- 간장, 참치액 등 고르는 방법은 35쪽을 참고하세요.

해초면은 찬물에 여러 번 씻고 체에 밭쳐 물기를 제거한다.

양념장 재료를 모두 섞어 양념장을 만든다. 새콤한 맛을 좋아
하지 않는다면 식초를 1작은술만 넣는다.

상추를 잘게 썰어 그릇에 담는다.

③의 상추 위에 ①의 면을 올리고 ②의 양념장을 두른다.

비조미 김가루를 먹고 싶은 만큼 올리고 들깨가루를 뿌린다.

들기름을 3큰술 이하로 취향에 맞게 섞는다.

연어초밥

재료

- 곤약밥 100g(61쪽 참조)
- 소금 약간
- 엑스트라 버진 올리브 오일 1큰술
- 식초 1큰술 + 무침용 1작은술
- 연어 280g 이하
- 닭표 스리라차 소스 약간
- 참기름 1작은술

양념장

- 간장 2큰술
- 식초 1큰술

맛불리 팁

- 녹색 잎 생채소를 샐러드로 만들어 결들여 먹으면 포만감을 유지하기에 좋아요.

- 초밥용으로 썰고 남은 연어로 무침도 만들어요.

곤약밥에 소금으로 취향껏 간을 한 뒤 올리브 오일과 식초 1큰술을 넣고 섞는다.

연어는 12등분한다. 남은 부분이 있다면 손가락 한 마디 정도의 두께로 썰어 모아둔다.

②의 남은 연어에 스리라차 소스와 참기름, 식초 1작은술을 넣고 섞어 무침을 만든다.

①의 곤약밥을 손으로 쥐어 초밥 모양을 만든다. 12개를 만들려면 작게 뭉쳐야 한다.

②의 썰어둔 연어를 뭉친 밥 위에 올린다. 고추냉이는 다이어트에 불리한 성분이 포함되어 있지만 꼭 넣고 싶다면 아주 소량만 넣는다.

간장과 식초를 2:1 비율로 섞어 양념장을 만들어 곁들인다.

PART 3

저녁 식단 고민 끝!

낮에 열심히 일하고 저녁 먹을 때쯤 되면 피로와 함께 또 다른 귀찮음이 몰려옵니다. 요리에 소질이 없는 사람들은 냉장고 속 재료를 살펴보며 오늘은 뭘 해 먹나 고민하다 시간이 흘러요. 그러면 배가 더 고파지고, 데우거나 끓이기만 하면 되는 즉석요리 식품을 선택하기가 쉽습니다. 배가 고플수록 자극적인 맛의 메뉴가 떠오르기도 하고요.

요리에 자신 없는 다이어터라면 일단 라면, 떡볶이, 카레 등 즉석요리 식품은 최대한 집에 두지 마세요. '견물생심'이라는 말은 진리입니다. 부엌 찬장이나 냉장고에서 즉석요리 식품을 발견하고 유혹에 흔들려 데워서 먹기 시작하기까지의 시간은 빠르면 5분도 안 걸려요. 마음을 돌리기엔 너무 짧은 시간이죠!

일주일 식단을 미리 정해놓고 매일 저녁 뭘 만들어 먹을지 고민하는 시간을 없애보세요. 필요한 식재료는 주말에 사놓는 게 좋겠죠. 저녁 식단으로 권할 만한 메뉴는 PART 3과 PART 4에 모아봤습니다. 물론 맛불리는 여러분의 피로감에 너무나 공감하기 때문에 최대한 번거로운 과정 없이 후딱 만들 수 있는 레시피로 준비했습니다.

그런데 이런 식단을 오래 유지하려면 한 가지 더 생각해봐야 할 부분이 있습니다. 자극적인 음식이 자꾸 당기는 이유 또는 식욕이 끊임없이 생기는 이유가 무엇인지에 대해서요. 식습관만 바꿔서는 해결되지 않는 경우가 생각보다 많습니다. 스트레스가 심한지, 피로가 오래 누적되어 있는지, 잦은 저녁 약속 때문에 외식에 많이 노출되어 있는지 등 자신의 상태에 대해 한 번쯤 돌아보세요.

맛불리는 운동 없이 다이어트하는 걸 목표로 하고 있지만, 가벼운 스트레칭이나 산책 등을 통해 스트레스나 피로감을 덜어내는 건 다이어트에 도움이 됩니다. 몸을 너무 움직이지 않으면 무기력해지면서 다이어트에 대한 의지까지 사라질 수 있어요. 다이어트 중이라면 잦은 저녁 약속은 당연히 줄이는 게 좋겠죠. 정말 어쩔 수 없다면 밥, 면, 빵, 소스, 양념, 국물, 음료 등을 빼고 메뉴를 정해보세요. 그러면 대체 뭘 먹냐고요? 생각보다 먹을 수 있는 게 꽤 있어요! 고기나 생선구이를 생채소와 함께 먹거나 생선회를 먹는 것도 괜찮고요. 당연히 술은 그 무엇보다 다이어트에 치명적입니다. 14쪽의 '맛불리 다이어트의 핵심'은 꼭 기억해주세요.

모집 인원
1 매일 저녁 뭘 해 먹을지 고민하는 자
2 저녁 준비만 하려고 하면 피로가 몰려오는 자

지령
피로가 몰려옵니다. 정해진 시간 안에 만들기를 시작하세요.

※ 제한 시간 안에 요리를 시작하지 않으면 패널티 발생!
　패널티: 피로감이 쌓여 의지력이 빠르게 감소

◎ 성공 보상: 만족감, 외식 및 즉석요리 공격 회피
◎ 추가 랜덤 보상: 야식 위험 감소
◎ 실패 시 외식 및 즉석요리 공격 데미지, 야식 공격 데미지 중 랜덤 패널티

폭탄달걀찜

재료

- 달걀 4개
- 까나리액젓 또는 멸치액젓 1큰술
- 소금·후추 약간씩
- 물 50ml
- 양배추 60g 이상
- 참기름 또는 들기름 1큰술
- 무향 정제 코코넛 오일 조금

맛불리 팁

- 다이어트에는 참기름보다 들기름이 더 좋아요.

- 한 끼 추천 구성: 양배추밥(60쪽 참조)에 잘게 썬 무가미 김을 올리고 참기름이나 들기름을 두른 다음 폭탄달걀찜, 양배추피클(152쪽 참조)과 함께 드셔보세요!

동영상이 뿅

 볼에 달걀을 푼 다음 까나리액젓, 소금, 후추를 넣는다.

 ①에 물을 붓고 잘 섞는다.

 포만감을 위해 양배추를 다져서 ②에 넣고 잘 섞는다.

 뚝배기에 코코넛 오일을 바르고 ③을 붓는다. 센 불에 끓이다가 몽글몽글해지면 약불로 줄여 익힌다.

 달걀찜이 눌어붙지 않도록 바닥과 옆면을 긁어가며 젓는다.

 더 몽글몽글해지면 뚜껑을 덮고 약 8분간 익힌다.
참기름이나 들기름을 둘러 완성한다.

마약장조림밥

재료

장조림(3회분)

○ 돼지고기(뒷다리 살) 200g

○ 간장 80g (약 8큰술)

○ 양파 1/2개

○ 다진 마늘 5쪽 분량

○ 삶은 달걀 6개

○ 양배추 한두 줌(120~250g)

○ 물 900ml

비빔밥(1회분)

○ 장조림 1/3분량

○ 두부 100g

○ 밥 50g

○ 양배추 한 줌(120g 정도)

○ 장조림 달걀 2개

선택 재료

○ 들기름 또는 참기름 1큰술

맛불리 팁

• 고기 삶을 때 녹차 티백에 들어 있는 녹차 잎을 넣으면 잡내를 제 거할 수 있어요.

• 남은 장조림은 냉장 보관해두었 다가 짱돌주먹밥(130쪽 참조)과 맵짠프리타타(152쪽 참조)를 만 들 수 있어요.

동영상이 팡

양배추와 양파는 채 썬다.

끓는 물에 달걀을 넣어 삶는다. 이때 소금과 식초를 넣으면 깨지지 않고 잘 익는다.

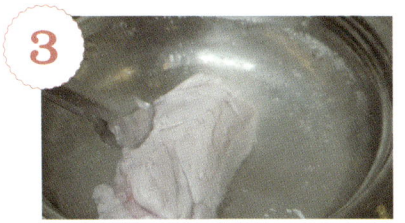

끓는 물에 돼지고기를 넣어 1시간 정도 삶는다.(돼지 잡내 등에 덜 민감하면 삶는 과정을 생략하고 칼로 썰어 바로 사용해도 된다.)

오목한 팬에 물을 붓고 ①의 양배추와 양파, 간장, 다진 마늘을 넣어 끓이다가 삶은 돼지고기를 손으로 잘게 찢어 넣고 삶은 달걀도 넣어 끓인다.

고기가 다 익고 국물이 자작해지면 불을 끄고 장조림을 완성한다.

밥에 장조림 1/3분량, 장조림 달걀 2개, 양배추, 먹기 좋게 썬 두부를 올리고 들기름이나 참기름을 두른다.

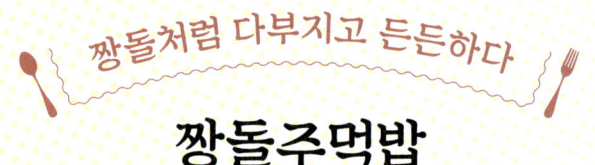

짱돌처럼 다부지고 든든하다

짱돌주먹밥

재료 (1회분)

○ 양배추 한 줌(120g 정도) + 잎 2장

○ 삶은 달걀 2개

○ 소금·후추 약간씩

○ 김밥용 김 1장

○ 장조림 128쪽에서 만든 분량의 1/3

○ 들기름 1큰술

○ 밥 50g(곤약밥 100g으로 대체 가능)

○ 양배추 피클 원하는 만큼(152쪽 참조)

선택 재료

○ 닭표 스리라차 소스 1큰술

○ 두부 50g

✎ **맛불리 팁**

• 재료가 넘쳐 김 한 장으로는 잘 감싸지지 않으면 한 장을 더 쓰세요!

동영상이 짱

양배추와 삶은 달걀은 다진다.

볼에 ①과 밥, 소금, 후추, 들기름을 넣고 골고루 섞는다.

랩 위에 김밥용 김을 올리고 중앙에 ②의 밥을 반만 올려 편다음 양배추 잎을 올린다.

③ 위에 스리라차 소스를 뿌린 다음 그 위에 다시 양배추 잎을 올린다.

④에 나박썰기한 두부를 올리고 양배추피클을 양껏 올린다.

⑤에 스리라차 소스를 뿌린 다음 장조림을 올린다.

⑥에 남은 ②의 밥을 올리고 김을 둥글게 감싼다.

랩으로 감싼 다음 반으로 자르면 먹기 편하다.

닭껍질튀김

재료

○ 닭 껍질 130g(삶기 전 기준)

○ 소금·후추 약간씩

○ 커민 소복하게 1작은술

선택 재료

○ 녹차 티백 1개

맛불리 팁

• 닭껍질튀김은 간식이 아닌 식사입니다! 자주 드시진 마세요. 둥지달걀주먹밥(136쪽 참조)과 한 끼에 같이 드셔도 돼요.

• 닭 껍질은 인터넷으로 주문하면 보통 대용량으로 구매하게 됩니다. 남은 고기는 소분해서 냉동 보관하세요.

• 에어프라이어에 조리할 때 종이 포일을 깔지 않으면 과자처럼 바삭바삭해져요.

동영상이 뙇

닭 껍질은 따뜻한 물에 깨끗하게 씻는다.

끓는 물에 손질한 닭 껍질을 넣고 10분 정도 끓인다. 이때 잡내를 제거하기 위해 녹차 티백의 녹차 잎을 넣는다.

끓인 닭 껍질을 체에 옮기고 뜨거운 물을 한 번 더 부어 기름기를 뺀다.

키친타월로 물기를 제거한 뒤 소금과 후추로 간하고 커민을 넣는다.

내용물이 잘 섞이도록 버무린 뒤 에어프라이어에 종이 포일을 깔고 180℃에서 30분간 익힌다.

튀김 망에 올려 기름을 뺀다.

둥지달걀주먹밥

재료

- ○ 삶은 달걀 2개
- ○ 양배추 한 줌(120g 정도)
- ○ 들기름 1큰술
- ○ 무가미 김과 깻잎 원하는 만큼
- ○ 소금·후추 약간씩
- ○ 밥 50g

선택 재료

- ○ 닭표 스리라차 소스 1큰술

🥢 맛불리 팁

- •스리라차 소스를 뿌려 먹으면 더 맛있어요.

- •닭껍질튀김(134쪽 참조), 양배추 피클(152쪽 참조)과 함께 먹으면 포만감과 맛이 조화를 이루는 한 끼 완성!

동영상이 뙇

 양배추와 삶은 달걀을 차퍼에 넣고 다진다.

 볼에 ①과 밥, 들기름, 소금, 후추, 잘게 자른 김을 넣은 뒤 잘 섞는다.

 한입 크기로 주먹밥을 만든다.

 깻잎을 잘게 잘라 주먹밥 주위에 곁들인다.

맵짠프리타타

재료

- ○ 양파 1/4개
- ○ 양배추 한 줌(120g 정도)
- ○ 달걀 3개
- ○ 물 50g
- ○ 장조림 128쪽에서 만든 분량의 1/3

  (팩 참치 90g이나 닭 가슴살 한 덩이로 대체 가능)
- ○ 소금·후추 약간씩
- ○ 기버터 또는 무향 정제 코코넛 오일 1/2큰술

선택 재료

- ○ 닭표 스리라차 소스 1큰술

맛불리 팁

- •모차렐라 치즈나 슬라이스 치즈 올려 먹기 강추!

- •양배추피클과 함께 먹기 강추!

- •장조림 대신 팩 참치를 넣어도 꿀 맛!

동영상이 뙇

 양파는 채 썰고 양배추는 잘게 썬다.

 볼에 달걀과 물, 소금과 후추를 넣고 잘 풀어준다.

 약불로 달군 팬에 기버터를 두르고 ①의 양파와 양배추를 넣어 볶는다.

 양파와 양배추의 숨이 죽으면 팬 바닥에 평평하게 펼치고 ②를 골고루 붓는다.

 장조림도 골고루 올린 뒤 뚜껑을 덮고 익을 때까지 10분 정도 기다린다.

 취향에 따라 스리라차 소스를 뿌려 완성한다.

치즈달걀밥

재료

- 콜리플라워 라이스 150g
- 밥 3큰술
- 달걀 2개
- 소금·후추 약간씩
- 간장 1.5큰술
- 닭표 스리라차 소스 또는 토마토퓌레 2큰술
- 치즈 50~60g

선택 재료

- 녹색 잎 생채소 원하는 만큼
- 파슬리 가루 조금

맛불리 팁

- 포만감을 더해줄 녹색 잎 생채소와 함께 비벼 드세요.

- 식감은 모차렐라 치즈, 맛은 체다 슬라이스 치즈가 좋아요. 체다 슬라이스 치즈만 넣는다면 3장이면 충분하고, 모차렐라 치즈 50g과 체다 슬라이스 치즈 1장을 섞어도 됩니다.

동영상이 팡

 큰 볼에 콜리플라워 라이스와 밥, 달걀을 넣는다.

 ①에 소금, 후추, 간장을 넣는다.

 ②에 스리라차 소스나 토마토퓌레를 넣고 비빈다.

 ③에 랩을 씌우고 구멍을 뚫은 뒤 달걀이 잘 익을 때까지 전자레인지에 5~6분 돌린다.

 ④에 모차렐라 치즈 또는 체다 슬라이스 치즈를 올리고 전자레인지에 1분 30초~2분 더 돌린 다음 파슬리 가루를 살짝 뿌린다.

토달볶

재료

○ 토마토 2개

○ 달걀 2개

○ 소금·후추 약간씩

○ 양파 1/2개

○ 마늘 4쪽

○ 기버터 또는 무향 정제 코코넛 오일 1/2큰술

선택 재료

○ 바질 가루 약간

맛불리 팁

• 바질 가루를 뿌려 먹으면 더 맛있
 어요.

• 185쪽에 있는 식이섬유빵에 올
 려 먹어도 맛있어요.

동영상이 팡

양파는 먹기 좋게 채 썰고, 토마토는 깍둑썰기하고, 마늘은
다진다.

팬에 기버터를 녹인 뒤 다진 마늘을 볶아 노릇해지면 토마토
와 양파를 넣고 볶는다.

②에 달걀을 넣고 소금과 후추로 간을·한 뒤 촉촉한 정도로
익을 때까지 볶는다.

다이어터를 위로하는 맛

양송이크림수프

재료

- ○ 양송이버섯(다른 버섯도 가능) 50~100g
- ○ 생크림 100ml
- ○ 양파 1/3개
- ○ 물 50ml
- ○ 콜리플라워 라이스 50~100g
- ○ 소금·후추 약간씩
- ○ 기버터 또는 무향 정제 코코넛 오일 1/2큰술

선택 재료

- ○ 바질 가루 약간

맛불리 팁

- 생크림은 제품명에 정확히 '생크림'이라고 표기되어 있고 유지방 함량이 38% 이상인 제품을 사용합니다.

- 버섯 대신 브로콜리 200g을 사용해서 브로콜리크림수프를 만들어도 맛있어요!

- 콜리플라워 라이스 대신 콜리플라워를 다져서 써도 됩니다.

동영상이 짠!

양송이버섯은 얇게 썰고, 양파는 채 썬다.

달군 팬에 기버터나 코코넛 오일을 두르고 약불에 ①을 볶는다.

②에 생크림과 물을 붓고 콜리플라워 라이스를 넣은 뒤 소금과
후추를 넣는다. 간이 맞으면 불을 끄고 바질 가루를 뿌린다.

뱃살 도둑! 포만감 넘치는
달래간장밥

재료

달래간장

- 달래 1단
- 고춧가루 1큰술
- 양파 1/2개
- 마늘 1쪽
- 고추 1~2개
- 달래가 잠길 만큼의 간장
- 참기름 또는 들기름 2~3큰술
- 달래간장밥에 곁들일 두부 150~200g

곤드레곤약밥 (2~3회분)

- 습식 곤약 200g
- 쌀 100g
- 건곤드레 20g

봉영상이 팡

맛불리 팁

- 곤드레곤약밥(100g)에 두부 (150g), 참기름 또는 들기름(1큰술), 숙성된 달래간장 약간을 넣고 비벼 드세요.(달래간장을 너무 많이 넣으면 짜기 때문에 조금씩 넣어보면서 양을 조절하세요.)

- 말린 곤드레에는 탄수화물이 제법 있으니 더 넣지 않는 게 좋아요.

- 곤약밥과 두부 대신 콜리플라워 라이스밥(콜리플라워 라이스 300g+밥 50g)에 달래간장을 넣고 비벼 김에 싸 먹어도 맛있어요.

- 달래간장을 드레싱처럼 생채소에 넣고 버무려도 굿! 셀프김밥, 황금 볶음밥 등과 같이 드셔보세요.

달래간장

 달래는 깨끗하게 씻어 먹기 좋은 크기로 썬다. 마늘과 양파는 다지고, 고추는 송송 썰고, 매콤한 것이 좋다면 청양고추도 송송 썬다.

 유리 용기에 ①과 고춧가루를 넣고 달래가 잠길 만큼 간장을 넣는다.

 ②에 참기름이나 들기름을 넣은 뒤 용기 뚜껑을 닫고 흔들어서 섞고, 하루 정도 냉장고에서 숙성시킨다.

 냉장 보관 7일(재료의 신선도에 따라 다를 수 있음)

곤드레곤약밥

① 건곤드레를 끓는 물에 15분가량 삶고 불을 끈 상태로 반나절 정도 불린다.

② ①을 흐르는 물에 한 번 헹구고 먹기 좋게 썬다.

③ 곤약밥(61쪽 참조)을 지을 때 ②를 넣고 짓는다.

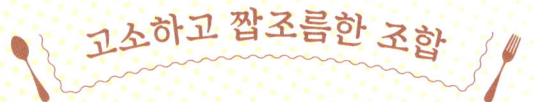

명란아보카도덮밥

고소하고 짭조름한 조합

재료

- ◯ 양배추 1줌(120g 정도)
- ◯ 토마토퓌레 50g
- ◯ 무가당 요거트 50g
- ◯ 명란젓 자른 것 35g
- ◯ 아보카도 120g
- ◯ 곤약밥 100g(61쪽 참조)
- ◯ 닭 가슴살이나 닭 안심살 150g

동영상이 뙇

맛불리 팁

- 명란젓은 아질산나트륨, 설탕 등 탄수화물 첨가물이 없고, 식품첨 가물이 최대한 없는 것으로 고르 세요. 어차피 잘라서 사용하므로 터지거나 자른 것으로 저렴하게 구매하는 것도 좋아요.

- 아보카도는 후숙이 잘된 생아보 카도가 가장 맛있고 영양가가 있 지만, 간편하게 냉동 제품을 해동 해 사용해도 괜찮습니다.

볼에 토마토퓌레, 무가당 요거트, 명란젓을 넣고 섞어 명란 소스를 만든다.

닭 가슴살이나 닭 안심살은 삶거나 에어프라이어 등에 돌려 익힌다.

양배추는 차퍼로 다진다.

그릇에 곤약과 쌀을 2:1 비율로 섞어 지은 곤약밥을 담고 ③의 다진 양배추를 올린다.

생아보카도라면 얇게 저미고, 냉동 아보카도라면 해동해서 부드럽게 으깬 뒤 ④ 위에 올린다.

익힌 닭고기를 먹기 좋게 잘라 ⑤ 위에 올리고 ①의 명란 소스를 뿌려 완성한다. 먹을 땐 섞거나 비비지 말고 깊숙이 떠서 먹는다.

닭갈비

재료

○ 닭 정육(뼈 없는 닭다리 살) 150~200g

○ 양배추 1~2줌(120~250g)

○ 무향 정제 코코넛 오일 1작은술

○ 마늘 3쪽(작은 크기라면 5쪽)

○ 양파 1/2개

○ 고춧가루 소복하게 1큰술

○ 간장 4큰술

○ 커민 0.5g

○ 물 2큰술

맛불리 팁

· 밥 50g에 해동한 콜리플라워 라이스 150g과 참기름 1큰술을 넣어 섞고, 무가미 김가루를 취향껏 뿌려 닭갈비와 같이 드세요. 김가루가 없으면 무가미 김을 잘게 잘라서 씁니다.

닭고기는 찬물에 한 번 씻어 준비한다.

마늘은 다진다. 양파는 준비한 양의 반은 다지고 반은 채 썰고, 양배추는 채 썬다.

②의 다진 마늘과 다진 양파에 분량의 간장, 고춧가루, 커민, 물을 넣고 섞어 양념을 만든다.

씻은 닭고기에 ③의 양념을 바르고 5~10분 놔둔다.

팬에 코코넛 오일을 두르고 중불에 ④의 닭고기와 채 썰어둔 양파를 넣는다.

닭고기를 가위로 먹기 좋게 썰면서 익힌다. 닭고기가 전부 익었을 때 채썰어둔 양배추를 넣는다. 양배추가 너무 익으면 당질화되기 때문에 아주 잠깐만 볶다가 불을 끄고 완성한다.

양배추피클

재료

○ 양배추 1/2통

○ 양파 1개

○ 유리 밀폐용기의 1/2씩 채울 양의 식초와 물

맛불리 팁

• 다른 레시피에는 유기농 자연 발효 사과식초를 추천하지만, 피클을 만들 때 쓰기에는 가격이 부담스럽습니다. 마트에서 조금 저렴하게 판매하는 자연 발효 사과식초를 사용해보세요.

• 한 끼에 양배추는 마음껏 먹어도 되지만 양파는 당질이 조금 있으니 많이 먹지 않습니다.

동영상이 뙇

양배추와 양파는 깍둑썰기해서 물에 씻는다.

①을 유리 밀폐용기에 가득 채운다.

②의 용기에 식초와 물을 1:1 비율로 채운다.

③의 용기에 랩을 씌운 뒤 뚜껑을 닫고 하루 이상 숙성시킨다.

깻잎김치

재료

- 깻잎 20~30장
- 양파 1/2개
- 마늘 3쪽
- 고춧가루 소복하게 1큰술
- 까나리액젓 2큰술
- 간장 2큰술
- 물 4큰술

맛불리 팁

- 밀폐용기에 담아 보관합니다.

- 반찬은 추가 식단이기 때문에 너무 많이 먹지 않는 게 좋습니다. 다회용 분량이므로 끼니마다 조금씩 나눠 드세요.

깻잎은 흐르는 물에 깨끗하게 씻어 체에 밭쳐둔다.

양파와 마늘은 다진다.

②에 간장, 까나리액젓, 물, 고춧가루를 넣고 섞어 양념장을
만든다.

깻잎 한 장을 그릇에 깔고 양념장을 아주 조금 얹는다.

양념장이 모두 소진될 때까지 ④를 반복해서 차곡차곡 깻잎과
양념장을 쌓는다. 하루 정도 숙성시킨 다음 먹는다.

시금치된장무침

재료

- ○ 시금치 1단(250g)
- ○ 된장 소복하게 1큰술
- ○ 마늘 3쪽
- ○ 참기름 1큰술

맛불리 팁

• 시금치는 독성이 있어 생으로 먹으면 위험합니다. 반드시 끓는 물에 데쳐 드세요. 그렇다고 너무 데치면 영양분이 빠져나가니 끓는 물에 넣어 선명한 초록색이 되면 꺼냅니다. 끓인 물은 모두 버립니다.

• 밀폐용기에 담아 보관합니다.

• 반찬은 추가 식단이기 때문에 너무 많이 먹지 않는 게 좋습니다. 다회용 분량이므로 끼니마다 조금씩 나눠 드세요.

시금치는 흐르는 물에 씻는다. 흙이 많은 뿌리 쪽을 신경 써서 씻는다.

팔팔 끓는 물에 ①의 시금치를 30초 이내로 데친 뒤 찬물에 헹군다. 물기를 꼭 짜고 체에 밭쳐둔다.

마늘을 다진 뒤 된장과 섞어 양념을 만든다.

물기를 뺀 시금치를 반으로 자른다.

④의 시금치를 ③의 양념에 버무린다. 너무 꼭꼭 누르면 식감이 좋지 않으니 시금치를 풀 듯이 살살 버무린다.

⑤에 참기름을 넣어 살살 버무린다.

오이고추된장무침

재료

- ○ 오이고추 180~220g
- ○ 된장 소복하게 2큰술
- ○ 참기름 1큰술

맛불리 팁

- 밀폐용기에 담아 보관합니다.

- 반찬은 추가 식단이기 때문에 너무 많이 먹지 않는 게 좋습니다. 다회용 분량이므로 끼니마다 조금씩 나눠 드세요.

 오이고추는 깨끗하게 씻어 손가락 한 마디 정도의 크기로 먹기 좋게 썬다.

 된장과 참기름을 섞는다.

 ①의 오이고추와 ②의 양념을 버무린다.

PART 4

진짜
다이어트 음식
맞아요!

〈맛불리TV〉에서 소개하는 음식들은 이름만 보면 다이어트 식단이 맞는 지 의심스럽습니다. 이 책에서도, 특히 이번 장에는 치킨을 시작으로 피자, 떡볶이도 나오죠. 다이어트할 때 유난히 눈앞에 아른거리는 음식들이에요! 어떻게 이런 식단이 가능한지, 다이어트 식단에 대한 흔한 오해를 한 번 더 짚어보며 이야기해보겠습니다.

첫째, 칼로리를 계산하지 않았습니다. '0칼로리', '저칼로리'라는 수식어가 붙은 제품들은 무조건 다이어트 음식이라고 생각하기 쉬운데요, 저칼로리라고 하면서 설탕이 들어 있는 경우도 있고, 같은 칼로리의 음식이라도 원재료에 따라 다이어트에 도움이 될 수도 있고 전혀 도움이 되지 않을 수도 있어요. 살은 그렇게 단순한 수치 하나로 찌거나 빠지지 않습니다. 칼로리만 본다면 먹을 수 있는 음식의 종류도 확 줄어들 거예요. 맛불리는 지방 저장 호르몬인 인슐린을 분비시키는 정제 탄수화물과 당질뿐만 아니라 다이어트에 도움이 되지 않는 여러 성분을 다각도로 살펴보며 레시피를 만들었습니다.

둘째, 저염식이 아닙니다. 다이어트 식단은 무조건 간을 하지 않아야 한다고 생각하는 분들이 있어요. 하지만 29쪽에서 언급했듯이 나트륨은 우리 몸에 꼭 필요한 영양소 중 하나입니다. 물은 혈액을 구성하는 중요한 성분이므로 충분히 섭취하고 음식을 통해 나트륨도 적당히 섭취하는 게 좋아요. 너무 많이 먹는 것도 문제지만 너무 안 먹는 것도 문제죠. 그래서 맛불리는 다이어트 식단에도 머스터드, 간장, 소금 등을 사용합니다.

셋째, 배부르게 먹을 수 있도록 만듭니다. 살을 빼려면 배고파야 한다는 고정관념은 버리세요. 배고픔은 인간의 기본적인 욕구입니다. 무리하게 적은 양을 먹거나 굶어서는 다이어트를 건강하게 지속하기가 어렵습니다. 대신 충분하게 먹는 것과 폭식은 구분해야겠죠?

맛불리는 이런 원리를 직접 적용해서 레시피를 만들고 감량까지 증명했어요. 원재료를 꼼꼼하게 확인하는 게 어려워 보일 수도 있지만, 이 책에 있는 레시피로 음식을 몇 번 만들어보면서 반복해서 강조하는 내용을 기억하면 금방 익숙해질 거예요. 그러다 보면 이 책에 있는 레시피뿐만 아니라 여러분이 평소에 좋아하는 음식도 다이어트 식단으로 만들 수 있을지 몰라요!

맛불리 다이어트 지령서

모집 인원
1 다이어트하다가 배고픔에 지친 자
2 다이어트하기에는 세상에 맛있는 게 너무 많아 괴로운 자

지령
외식의 기억이 소환되고 있습니다. 가장 먼저 소환된 메뉴를 만들어 나머지 기억을 차단하십시오.

※ 충분하게 먹지 않을 시 패널티 발생!
　패널티: 식욕이 채워지지 않아 만족감 감소

○ 성공 보상: 만족감, 배부름
○ 추가 랜덤 보상: 외식비 지출 감소
○ 실패 시 외식 공격 데미지, 다이어트 포기 중 랜덤 패널티

간장갈릭치킨

재료

○ 볶음탕용 닭고기 1/2마리 분량

(닭다리 4개 또는 닭 봉과 닭 날개 4개)

○ 양파 1/4개

○ 마늘 1쪽

○ 까나리액젓 1/2큰술

○ 간장 2큰술

맛불리 팁

• 여러분이 알고 있는 구운 치킨의 그 맛!

• 포만감을 더할 녹색 잎 생채소와 꼭 함께 드세요.

동영상이 뙇

닭고기는 찬물에 두 번 씻은 뒤 키친타월로 물기를 제거한다.

양파와 마늘을 다진 뒤 까나리액젓과 간장을 넣어 양념을 만든다.

①의 닭고기에 ②의 양념을 넣어 잘 버무린다. 실온에서 10분 정도 숙성시켜 구우면 더 맛있다.

에어프라이어나 오븐용 팬에 종이 포일을 깔고 닭고기를 겹치지 않게 올린 뒤 양념도 전부 올린다.

에어프라이어나 오븐에 넣어 180℃에서 20분 굽고, 뒤집어서 10분 더 굽는다.

나의 사랑 너의 사랑 치즈가 쭉쭉

치즈폭탄컵피자

재료

- ○ 비엔나소시지 6개 또는 칵테일 새우(큰 것) 4~6마리
- ○ 아마씨 가루 15g
- ○ 베이킹파우더 1g
- ○ 달걀 1개
- ○ 후추 약간
- ○ 양배추 50g 이상
- ○ 토마토퓌레 60g
- ○ 모차렐라 치즈 70g

선택 재료

- ○ 원하는 종류의 버섯 50g

맛불리 팁

- 소시지는 가공육이므로 가끔 별미로 먹고, 가급적이면 건강을 위해 새우를 선택하세요.

- 아마씨 가루는 차전자피 가루, 아몬드 가루 등 동량의 다른 식이섬유 가루로 대체할 수 있지만, 곡물가루나 콩가루는 안 돼요.

동영상이 뙇

양배추와 비엔나소시지, 버섯은 다진다.

전자레인지용 컵에 아마씨 가루와 베이킹파우더를 넣고 섞는다. 아마씨 가루는 16g이 넘지 않도록 주의한다.

②에 달걀을 넣고 섞은 뒤 전자레인지에 3분간 돌려 빵이 완성되면 반으로 자른다.

빵 한 쪽을 컵에 다시 넣고 토마토퓌레 반을 빵 위에 바른다.

④에 후추를 뿌리고 ①을 반만 올린 뒤 모차렐라 치즈 반을 올린다.

④~⑤ 과정을 한 번 더 반복한 뒤 전자레인지에 3분간 돌린다.

차돌박이떡볶이

재료

○ 물 50ml

○ 양파 1/2개

○ 양배추 또는 알배추 50g

○ 스트링 치즈 2개

○ 차돌박이 50~80g

양념장

○ 고춧가루 2큰술

○ 간장 1큰술

○ 마늘 3쪽 또는 간 마늘 1큰술

○ 까나리액젓 1큰술

○ 토마토퓌레 1~2큰술

맛불리 팁

• 떡이 들어가지 않는 거 맞습니다. 에헴!

• 삶은 달걀 1개와 튀김(170쪽 참조)을 같이 드시며 분식 느낌 한껏 내보세요.

• 튀김을 생략하면 스트링 치즈를 4개까지 드셔도 됩니다.

동영상이 땅

 양파와 양배추(알배추)는 길쭉하게 썬다.

 분량의 양념장 재료를 모두 섞어 양념장을 만든다.

 팬에 ①을 넣고 분량의 물을 부은 뒤 채소의 숨이 죽을 때까지 끓인다.

 ③에 양념장을 넣고 잘 섞어 양파가 푹 익을 때까지 졸인다.

 ④에 차돌박이를 넣고 국물이 자작할 때까지 졸인다.

 ⑤를 그릇에 옮겨 담은 뒤 스트링 치즈를 4등분해 올린다.

새우튀김과 치즈스틱

재료

- ○ 단백질 파우더 30g
- ○ 달걀 1개
- ○ 칵테일 새우(큰 것) 3마리
- ○ 스트링 치즈 1개
- ○ 무향 정제 코코넛 오일 2큰술(소형 냄비에 요리할 때)

맛불리 팁

- • 비정제 코코넛 오일은 발연점이 낮아서 튀김 요리에 적합하지 않습니다.

- • 튀김은 꼭 영상을 한번 보고 만들기를 권합니다!

동영상이 짠

 볼에 단백질 파우더와 달걀을 넣고 잘 섞어 튀김 반죽을 만든다.

 작은 팬에 코코넛 오일을 넣고 아주 약한 불에 달군다.

 칵테일 새우에 ①의 반죽을 충분히 묻힌 뒤 팬에 올린다.

 한쪽 면이 단단해지면 반죽이 옆으로 흐르기 전에 뒤집고, 익으면 식힘망에 올린다.

 스트링 치즈는 2~3등분해 같은 방법으로 튀긴다.

냉모밀

재료

- 천사채면 300g 이하(65쪽 참조)
- 파 50g 이하
- 간장 1큰술
- 참치액 2~3큰술
- 가쓰오부시 20~50g
- 다진 마늘 3쪽 분량
- 물 100~150ml
- 생고추냉이 소량
- 무가미 김가루 원하는 만큼

선택 재료

- 오이 원하는 만큼

맛불리 팁

• 탄수화물이 들어 있지 않은 천사채로 그럴싸한 면 요리를 만들 수 있어요! 한꺼번에 삶아두었다가 물기를 제거한 뒤 밀폐용기에 보관하면 일주일까지는 먹을 수 있습니다.(신선도에 따라 다를 수 있습니다.) 보관한 것을 다시 먹을 때는 찬물에 한 번 헹궈서 사용하세요.

• 고추냉이는 다이어트에 불리한 성분이 포함된 제품이 많으니 아주 조금만 드세요.

• 오이를 좋아한다면 포만감을 위해 꼭 넣어드세요.

동영상이 뙇

볼에 간장, 참치액, 다진 마늘, 가쓰오부시, 송송 썬 파, 물을 넣고 섞어 육수를 만든 다음 시원해지도록 얼음을 넣는다.

천사채면에 ①의 육수를 붓고 오이와 무가미 김가루, 생고추 냉이를 넣어 완성한다.

지방 벗고 천국 질러

냉비빔면

재료

- 천사채면 300g 이하(65쪽 참조)
- 삶은 달걀 1~2개
- 깻잎 원하는 만큼
- 파 50g 이하
- 간장 1큰술
- 참치액 1~2큰술
- 까나리액젓 1큰술
- 가쓰오부시 20~50g
- 고춧가루 1큰술
- 다진 마늘 3쪽 분량
- 물 100ml
- 무가미 김가루 원하는 만큼

선택 재료

- 오이 원하는 만큼

맛불리 팁

- 마늘과 파는 당질이 어느 정도 있으므로 정량을 넣어주세요.

동영상이 땅

1 볼에 간장, 참치액, 까나리액젓, 다진 마늘, 가쓰오부시, 고춧가루, 송송 썬 파, 물을 넣고 섞어 소스를 만든 다음 시원해지도록 얼음을 넣는다.

2 천사채면에 ①의 소스를 붓는다.

3 오이와 깻잎, 파를 채 썰어 올리고 무가미 김가루와 삶은 달걀도 올린다.

15분 만에 베트남으로
쌀국수 맛 국수

재료

○ 천사채면 원하는 만큼(65쪽 참조)

○ 양파 1/2개

○ 간장 2~3큰술

○ 까나리액젓 2큰술

○ 물 500ml

○ 차돌박이 50~100g

○ 숙주나물 200g

○ 다진 파 1큰술

선택 재료

○ 닭표 스리라차 소스 1큰술

○ 고수·청양고추·레몬즙 원하는 만큼

맛불리 팁

• 쌀국수는 들어 가지 않아서 쌀국수 맛 국수지만 정말 맛있어요!

• 고기가 다 익은 후에 간을 보세요.

• 레몬즙은 생레몬을 사용하거나 당질이 포함되지 않은 제품으로 사용하세요.

동영상이 팡

양파는 채 썬다.

간장과 까나리액젓을 섞어 양념장을 만든다.

냄비에 물을 넣고 끓기 시작하면 ①과 ②, 차돌박이를 넣어 익힌다.

그릇에 천사채면과 ③을 넣고 파와 숙주를 올려 완성한다.

취향에 따라 고수와 송송 썬 청양고추를 올리고, 레몬즙과 스리라차 소스를 뿌려 먹는다.

볶음쌀국수 맛 국수

재료

- ○ 천사채면 원하는 만큼(65쪽 참조)
- ○ 양파 1/2개
- ○ 칵테일 새우 3마리
- ○ 차돌박이 50~100g
- ○ 까나리액젓 1큰술
- ○ 간장 2큰술
- ○ 물 50ml
- ○ 숙주나물 200g

선택 재료

- ○ 청양고추 원하는 만큼

맛불리 팁

- 숙주 대신 참기름을 넣고 버무리면 잡채 느낌이 납니다.

동영상이 짠

달군 팬에 채 썬 양파와 칵테일 새우, 차돌박이를 넣고 익을 때까지 볶는다. 매운맛을 좋아하면 청양고추도 넣는다.

천사채면을 먹고 싶은 만큼 ①에 넣고 볶는다.

②에 간장과 까나리액젓을 넣은 뒤 재료가 눌어붙지 않도록 물을 넣고 마저 볶는다.

양념이 잘 배도록 볶다 숙주를 원하는 만큼 넣은 뒤 숙주의 숨이 죽으면 그릇에 옮겨 담는다.

괴물만두

재료

- ○ 양배추 또는 알배추 50g
- ○ 마늘 1쪽
- ○ 다진 돼지고기 50g
- ○ 천사채면 50g(65쪽 참조)
- ○ 물기를 제거한 두부 50g
- ○ 간장 1큰술
- ○ 소금·후추 약간씩
- ○ 라이스 페이퍼 2장
- ○ 무향 정제 코코넛 오일 1/2큰술

선택 재료

- ○ 청양고추 1개

맛불리 팁

• 라이스 페이퍼는 당질이 많으므로 한 끼에 3장까지만 드세요.

• 만두는 간을 약간 세게 만들어야 맛있어요.

• 프라이팬에 구우면 라이스 페이퍼가 찢어지기 쉬워서 에어프라이어를 사용했어요.

동영상이 뙇

차퍼에 알배추나 양배추, 마늘, 취향에 따라 청양고추를 넣고 다진다.

①에 천사채면을 넣고 다진다.

큰 볼에 ②를 옮겨 담은 뒤 물기를 제거한 두부, 다진 돼지고기, 간장, 후추, 소금을 넣고 버무려 만두소를 만든다.

물을 살짝 묻힌 접시에 라이스 페이퍼를 문질러 물을 흡수시키고, 만두소를 양껏 넣은 다음 터지지 않게 잘 싼다.

④와 같은 방법으로 만두를 1개 더 만들어 종이 포일을 깐 에어프라이어에 넣은 뒤, 만두 표면에 녹인 코코넛 오일을 바른다. 180℃에서 20분간 조리한다. 만약 만두소가 남았으면 달걀 1개를 풀어 섞고 팬에 부쳐 먹는다.

지글지글 소리부터 풍족한

달걀만두

재료

- 양배추 또는 알배추 70g
- 마늘 2쪽
- 다진 돼지고기 50g
- 천사채면 70g(65쪽 참조)
- 물기를 제거한 두부 70g
- 간장 2큰술
- 소금·후추 약간씩
- 달걀 2개
- 무향 정제 코코넛 오일 1큰술

선택 재료

- 청양고추 1개

동영상이 짧

맛불리 팁

- 만두피 없이 만들어서 만두라기 보다는 부침개에 가까운 레시피 예요.
- 이 책에서 소개한 괴물만두와 달걀만두의 양은 한 끼에 같이 드셔도 괜찮은 양입니다.

차퍼에 양배추나 알배추, 마늘, 취향에 따라 청양고추를 넣고 다진다.

①에 천사채면을 넣고 다진다.

큰 볼에 ②를 옮겨 담은 뒤 물기를 제거한 두부, 다진 돼지고기, 간장, 후추, 소금을 넣고 버무려 만두소를 만든다.

①~③ 과정을 거쳐 만든 만두소에 달걀을 넣고 섞는다.

팬에 코코넛 오일을 두르고 ④를 적당한 크기로 올려 약불에 익힌다.

밑면이 노릇해지면 반으로 접어 반달 모양을 만들고, 고기를 완전히 익혀 완성한다.

감바스 알 아히요와 식이섬유빵

재료

식이섬유빵(2회분)

○ 단백질 파우더 15g

○ 달걀 1개

○ 식이섬유 가루 15g
  (아몬드 가루, 아마씨 가루, 차전자피 가루 중 선택)

○ 베이킹파우더 1g ○ 소금 약간

○ 물 20g

○ 무향 정제 코코넛 오일 평평하게 2큰술 + 1작은술

감바스(1회분)

○ 칵테일 새우(큰 것) 6마리

○ 소금·후추 약간씩 ○ 버섯 50g

○ 홍고추 1개 ○ 마늘 5~6쪽

○ 무향 정제 코코넛 오일
  (굳은 상태라면 2큰술, 녹은 상태라면 4~5큰술)

선택 재료

○ 레몬즙 약간 ○ 바질 가루 소량

○ 브로콜리 원하는 만큼 ○ 방울토마토 5개

맛불리 팁

• 단백질 파우더는 무가미 무첨가 인 것을 사용하세요.

동영상이 뙇

식이섬유빵

볼에 단백질 파우더와 식이섬유 가루, 달걀, 베이킹파우더, 소금, 물을 넣고 잘 섞는다.

①에 코코넛 오일 2큰술(평평하게)을 넣는다. 원한다면 레몬즙과 바질 가루를 넣고 섞는다.

빵틀에 코코넛 오일 1작은술을 바른다.(오일이 굳은 상태라면 전자레인지에 살짝 돌려 녹여서 사용한다.) 빵틀에 ②의 반죽을 붓는다. 에어프라이어에 넣고 170℃에서 15분간 조리한다.

빵을 먹기 좋은 크기로 썰어 접시에 담는다.

감바스 알 아히요

칵테일 새우에 소금, 후추를 뿌려 밑간한다.

홍고추와 버섯, 브로콜리는 먹기 좋은 크기로 썰고, 마늘은 편으로 썬다.

팬에 코코넛 오일을 두르고 약불로 가열하다 조금씩 끓기 시작하면 마늘을 먼저 넣어 볶는다.

마늘이 황금빛을 띠기 시작하면 홍고추와 새우를 넣고 새우가 골고루 익도록 볶는다.

새우가 반쯤 익으면 썰어둔 나머지 재료를 마저 넣고 새우가 완전히 익을 때까지 볶는다.

포만감을 위해 ⑤에 방울토마토를 넣고 겉만 살짝 익힌 뒤 불을 끄고 소금이나 후추를 뿌려 완성한다. 식이섬유빵 1회분과 곁들여 먹는다.

로제가 별건가요!

로제리소토

재료

- ○ 생크림 50g
- ○ 토마토퓌레 2큰술
- ○ 소금·후추 취향껏
- ○ 기버터 1/2큰술
- ○ 다진 마늘 2쪽 분량
- ○ 돼지고기 50g
- ○ 양파 1/2개
- ○ 녹색 잎 생채소 원하는 만큼
- ○ 곤약밥 100g(일반 밥 50g으로 대체 가능)

선택 재료

- ○ 새송이버섯 100g
- ○ 바질 가루 약간

맛불리 팁

- 바질 가루는 선택 재료이지만 뿌리면 풍미가 훨씬 깊어져요.

동영상이 팡

188

볼에 생크림과 토마토퓌레, 소금을 넣고 잘 섞어 로제 소스를 완성한다.

약불로 가열한 팬에 기버터를 넣어 녹인 뒤 다진 마늘을 넣고 볶다가 노릇노릇해지면 굵게 썬 돼지고기와 새송이버섯, 양파를 넣고 볶는다.

고기가 어느 정도 익으면 ①의 소스를 넣고 고기가 완전히 익을 때까지 볶는다.

접시에 녹색 잎 생채소와 곤약밥, ③을 반만 올려 완성한다. 후추와 바질 가루를 취향껏 뿌려 먹으면 더 맛있다.

로제 소스의 또다른 변신

토마토크림커리

재료

- ○ 생크림 50g
- ○ 토마토퓌레 2큰술
- ○ 소금·후추 취향껏
- ○ 기버터 1큰술
- ○ 다진 마늘 2쪽 분량
- ○ 돼지고기 50g
- ○ 양파 1/2개
- ○ 녹색 잎 생채소 원하는 만큼
- ○ 곤약밥 100g(일반 밥 50g으로 대체 가능)
- ○ 커민 1작은술
- ○ 강황 1작은술

선택 재료

- ○ 새송이버섯 100g
- ○ 바질 가루 약간
- ○ 유향 코코넛 오일 2큰술

동영상이 팡

맛불리 팁

• 혹시 치아 교정을 하고 있다면 강황을 생략하고 만드세요.

190

볼에 생크림과 토마토퓌레, 소금을 넣고 잘 섞어 로제 소스를 완성한다.

약불로 가열한 팬에 기버터를 넣어 녹인 뒤 다진 마늘을 넣고 볶다가 노릇노릇해지면 굵게 썬 돼지고기와 새송이버섯, 양파를 넣고 볶는다.

고기가 어느 정도 익으면 ①의 소스를 넣고 고기가 완전히 익을 때까지 볶는다.

팬에 커민과 강황을 넣고 저으며 약불에 국물이 자작할 정도로 살짝 졸인다. 깊은 맛을 내고 싶다면 불을 끄고 유향 코코넛 오일을 넣는다.

접시에 녹색 잎 생채소와 곤약밥, ①을 올려 완성한다. 후추와 바질 가루를 취향껏 뿌려 먹으면 더 맛있다.

족발 또는 보쌈

재료

- 족발용 고기 1kg 이상
  쫄때기살 (또는 미니 족발 앞발 2족, 뒷발 2족)

- 보쌈용 고기 1kg 이상
  부드러운 것을 좋아하면 수육용 삼겹살
  퍽퍽한 살을 좋아하면 수육용 앞다릿살
  장조림 같은 단단한 식감을 좋아하면 사태살

- 다진 마늘 3쪽 분량

- 양파 1개

- 계핏가루 소복하게 2큰술
  (계피 스틱으로 우린 물로 대체 가능)

- 생강가루 소복하게 2큰술(생강 1쪽 정도로 대체 가능)

- 된장 소복하게 1큰술

- 간장 200ml

- 물 2.5~3L(과정④부터 사용하는 양)

맛불리 팁

- 녹색 잎 생채소로 쌈을 싸 먹어야 포만감을 더할 수 있어요.

- 고기는 한 끼에 200g이 넘지 않게 드세요. 물론 밥, 빵, 면, 각종 소스(쌈장, 고추장 등), 김치 등을 함께 먹지 않는 것을 전제로! 밥과 같이 먹는다면 밥 50g에 고기 100~150g이 좋습니다.

- 된장 1/2큰술이나 새우젓 1큰술 정도 곁들여 드세요.

동영상이 뙇

양파를 채 써는 동안 물을 끓인다.

볼에 간장, 생강가루, 다진 마늘, 계핏가루, 된장을 섞고 채 썬 양파를 같이 담아둔다.

팔팔 끓는 물에 고기를 푹 잠기게 넣고 10분간 데쳐 핏물을 뺀 뒤 고기를 건져둔다.

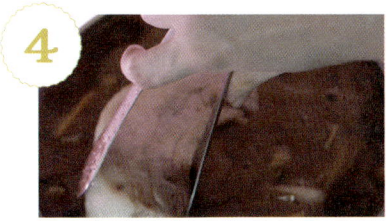

새로운 물에 ②의 양념장을 넣고 끓인 뒤 ③의 건져두었던 고기를 푹 잠기도록 넣는다.(끓지 않는 상태에서 넣으면 육즙이 빠져나간다.) 중불에서 1시간 반 이상 끓인다.

고기를 삶고 남은 육수는 재사용이 가능하다. 많은 양의 고기를 미리 삶아 소분한 뒤 냉동 보관하면 필요할 때마다 꺼내 먹기 편하다. 육수 자체에는 당질이 제법 들어 있으므로 직접 떠 먹기보다는 고기 삶는 용도로만 사용한다.

크림치즈폭포

재료

○ 모차렐라 치즈 50g

○ 생크림 50ml

맛불리 팁

• 가장 중요한 것은 역시 재료 선택! 생크림은 제품명이 생크림인 것, 유크림 100%, 유지방 38%, 100ml당 탄수화물 함량이 4g 이하인 것을 고릅니다. 생크림이 아닌 휘핑크림은 안 돼요. 원재료에 팜핵경화유, 쇼트닝(대두), 경화유, 유화유가 들어 있는 것은 피하세요.

• 치즈는 축산물 가공품의 유형이 '자연 치즈'인 것, 100g당 탄수화물 함량이 2g 이하인 것을 고릅니다.

• 한 끼에 고기와 치즈를 합쳐서 200g이 넘지 않게, 생채소와 함께 드세요.

• 이 책에 있는 닭볶음탕밥, 장조림, 떡볶이 등에 응용하면 맛있어요.

동영상이 땅

그릇에 치즈와 생크림을 넣고 전자레인지에 2~3분 녹인다.

녹인 치즈와 생크림을 잘 섞는다.

괴물짜장

재료

- 양파 1/2개
- 대파 10g
- 양배추 150~200g
- 된장 소복하게 2작은술
- 간장 2큰술
- 무향 정제 코코넛 오일 4작은술
- 밥 50g
- 다진 돼지 고기 100g

선택 재료

- 차전자피 가루 1큰술

맛불리 팁

- 한 번에 많이 만들어 밀프렙으로 활용해도 좋아요.

- 오이와 달걀프라이, 양배추피클 (152쪽 참조)을 곁들이면 더 맛있어요.

- 면 요리로 먹고 싶다면 천사채면 (65쪽 참조)을 활용하세요.

동영상이 뙇

양파는 채 썰고, 대파는 송송 썬다.

양배추는 적당한 크기로 썰어 물에 씻어둔다.

양배추 1/3분량은 밥에 섞는 용도이므로 잘게 다진다.

다진 양배추와 밥을 섞는다.

아주 약한 불로 달군 팬에 코코넛 오일 2작은술을 두르고 된장을 넣어 튀기듯이 볶는다.(된장 향이 날아갈 때까지.)

⑤의 된장을 다른 그릇에 옮겨둔 뒤 팬에 코코넛 오일 2작은술을 두르고 대파를 볶아 파 기름을 낸다.

⑥에 다진 고기를 넣고 익을 때까지 볶는다.

⑦에 썰어둔 양파와 양배추를 넣고 볶다가 간장 1큰술을 넣고 섞는다.

⑧에 꺼내둔 된장을 넣고 볶다가 간장 1큰술을 더 넣고 섞은 뒤 물을 붓는다.

걸쭉한 식감을 원한다면 차전자피 가루를 물에 개어 넣고 볶는다.(전분을 넣는 것만큼 걸쭉해지진 않지만 차전자피 가루를 더 넣지는 않는다.)

④의 밥 위에 ⑩을 올려 먹는다.

비빔냉면

재료

- 천사채면 원하는 만큼(65쪽 참조)
- 양파(작은 것) 1개
- 마늘 3쪽
- 물 100ml
- 고춧가루 소복하게 1큰술
- 참치액 2큰술
- 간장 1큰술
- 참기름 1큰술
- 파 30g 이하
- 달걀 1~2개

선택 재료

- 식초 약간

맛불리 팁

· 취향에 따라 식초를 넣어 드세요.

· 비빔냉면의 양념과 물냉면의 육수를 다 먹지 않는다면 두 냉면을 한 그릇씩 한 끼에 다 먹어도 됩니다!

동영상이 뙇

양파와 마늘을 다진 뒤 고춧가루, 참치액, 간장, 물, 참기름을 섞어 양념장을 만든다.(하루 정도 숙성해서 먹으면 더 맛있다.)

파는 채칼로 썰고, 달걀은 원하는 정도로 삶는다.

천사채면에 ①의 양념장, 파채와 삶은 달걀을 올린 뒤 얼음을 넣는다.

물냉면

재료

- 천사채면 원하는 만큼(65쪽 참조)
- 물 500ml
- 참치액 3큰술
- 간장 2큰술
- 대파 15g
- 얇은 소고기 80~150g
- 오이 1/2개
- 달걀 1개

선택 재료

- 식초 약간

맛불리 팁

• 취향에 따라 식초를 넣어 드세요.

동영상이 딿

냄비에 물을 넣고 끓으면 썰지 않은 대파, 참치액, 간장, 소고기를 넣고 10분간 더 끓인 뒤 불을 끈다.

①을 밀폐용기나 내열용기에 옮겨 식힌 뒤 준비한 오이의 반을 오이소박이 모양으로 칼집을 내서 넣고 대파는 뺀다.

②의 육수를 냉장고에 넣어 차갑게 식힌 뒤 체에 걸러 둥둥 뜬 기름을 걷어낸다.

남은 오이는 채 썰고, 달걀은 원하는 만큼 삶는다.

천사채면에 ③의 육수를 국자로 붓고 고기를 건져 올린 뒤 ④를 올리고 얼음을 넣는다.

더위엔 이열치열 몸보신 다이어트

볼케이노닭발

재료

- ○ 양념하지 않은 닭발 100~150g
- ○ 양배추 200g
- ○ 밥 50g
- ○ 양파(큰 것) 1/4개
- ○ 마늘 2쪽
- ○ 고춧가루 1큰술
- ○ 참치액 2큰술
- ○ 간장 1큰술
- ○ 물 50ml
- ○ 무향 정제 코코넛 오일 1/2큰술
- ○ 무가미 김가루 원하는 만큼

선택 재료

- ○ 모차렐라 치즈 30g(치즈 고르는 법 47쪽 참조)
- ○ 청양고추 1개
- ○ 대파 10g

동영상이 땅

맛불리 팁

- ·닭발을 못 먹는다면 돼지고기로 대체해 제육볶음으로 만들어보세요.

- ·닭발볶음을 밥과 섞기 전에 가위로 고기를 잘게 썰어야 식감도 좋고 먹기도 편합니다.

- ·하루 이틀 안에 먹는다면 참기름을 넣어 주먹밥으로 만들어 먹는 것도 추천!

- ·모차렐라 치즈를 올리고 전자레인지에 살짝 돌리면 치즈닭발!

냉동 닭발은 미지근한 물에 5분 정도 담가 해동하고, 양배추
는 잘 씻은 뒤 160g은 잘게 다져서 밥과 골고루 섞어둔다.

양파와 마늘을 다진 뒤 고춧가루, 참치액, 간장을 넣고 섞어
양념장을 만든다.

해동한 닭발을 찬물에 씻은 뒤 ②의 양념장, 남은 양배추(적
당히 썰어서 사용), 물을 붓고 취향에 따라 송송 썬 청양고추를
넣어 섞는다.

달군 팬에 코코넛 오일을 두르고 ③을 넣어 익힌다.

어느 정도 졸여지면 파를 채 썰어 넣고 살짝 비벼 완성한다.

①의 밥에 무가미 김가루와 닭발 국물을 넣고 비벼 주먹밥을
만들어 같이 먹는다.

카르보나라리소토

재료

- 밥 50g(3큰술 정도)
- 콜리플라워 라이스나 다진 양배추 170g
- 소시지 20~30g*
- 지방 많은 돼지고기 100~120g(삼겹살 추천)
- 달걀 1개*
- 달걀노른자 1개*
- 무향 정제 코코넛 오일 1/2큰술
- 모차렐라 치즈 50~70g
- 소금·후추 약간씩
- 마늘(중간 크기) 3쪽

선택 재료

- 바질 가루 적당량

맛불리 팁

- 바질 가루를 뿌려 먹으면 풍미가 확 살아나요.

* 소시지에는 보존료인 아질산나트륨이 들어 있어 자주 사용하지는 않아요. 아질산나트륨이 없는 제품은 설탕(정백당)이 포함된 경우가 있어요.

* 달걀을 덜 익혀서 먹는 메뉴이므로 신선한 달걀을 사용합니다.

동영상이 뙇

1 콜리플라워 라이스나 다진 양배추를 밥과 잘 섞는다.

2 마늘은 저미고, 소시지와 삼겹살은 잘게 썬다.

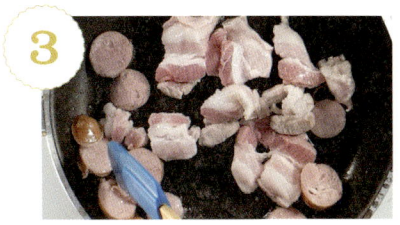

3 약불로 달군 팬에 코코넛 오일을 두르고 ②의 소시지, 삼겹살을 넣어 익힌다.

4 ③에 저민 마늘을 넣고 살짝 황금빛이 돌면 ①의 밥을 넣어 볶으며 소금 간을 살짝 한다.

5 달걀과 달걀노른자를 잘 섞는다.

6 ⑤에 모차렐라 치즈, 소금과 후추를 넣고 섞는다.

 ⑥을 전자레인지에 30초 정도 돌린다.(너무 익지 않도록 중간중간 확인한다.)

 ④의 밥을 그릇에 담고 ⑦의 소스를 부어 비벼 먹는다.

육즙이 팡팡

제육볶음

재료 (5회분)

제육볶음

○ 돼지고기 150g

○ 양배추 200g

○ 팽이버섯 1봉

○ 고춧가루 소복하게 2큰술

○ 양파(작은 것) 1개

○ 마늘 2쪽

○ 참치액 2큰술

○ 간장 2큰술

○ 무향 정제 코코넛 오일 1큰술

선택 재료

○ 파프리카 1개

동영상이 팡

맛불리 팁

• 제육볶음을 활용한 밀프렙은 98쪽과 100쪽을 참고하세요.

• 212쪽 제육 오므라이스 레시피의 양념곤약밥과 함께 드세요.

1 양파, 마늘, 파프리카, 팽이버섯은 차퍼로 다지고, 양배추는 굵게 다진다.

2 볼에 돼지고기, ①의 채소, 간장, 참치액, 고춧가루를 넣고 잘 섞는다.

3 달군 팬에 코코넛 오일을 두르고 ②를 넣어 채소에서 나온 물기가 날아갈 때까지 볶는다.

제육오므라이스

재료

제육오므라이스

○ 제육볶음 1/5분량(210쪽 참조)

○ 달걀 2개

○ 소금·후추 약간씩

○ 무향 정제 코코넛 오일 1작은술

○ 닭표 스리라차 소스 1~2큰술

○ 물 50ml

○ 곤약밥 100g(61쪽 참조)

○ 무가미 김가루 원하는 만큼

○ 식초 1큰술

맛볼리 팁

• 만드는 법 ④번 과정에서 달걀을
말아 덮는 게 어렵다면 접시를 마
주댄 뒤 팬을 뒤집으면 쉽게 플레
이팅할 수 있어요.

동영상이 팡

 곤약밥에 무가미 김가루와 식초, 소금, 후추를 넣고 비빈다.

 달걀은 물과 소금을 넣고 잘 섞는다.

 달군 팬에 코코넛 오일을 두르고 ②의 달걀물을 붓는다.

 ③의 달걀이 어느 정도 익으면 제육볶음과 ①을 올린 뒤 달걀을 말아 잘 덮는다.

 스리라차 소스를 뿌린다.

와플샌드위치

다이어터도 트렌드는 놓칠 수 없어

재료

와플빵(식사 2회분, 간식 4회분)

- 아몬드 가루 2큰술
- 헤이즐넛 가루 3큰술(아마씨 가루 2큰술로 대체 가능)
- 무가미 유청 단백질 파우더 2스쿱(30g)
- 히말라야 핑크 소금 약간
- 베이킹파우더 1g
- 생크림 50g
- 물 2큰술
- 기버터 1작은술
- 실론 시나몬 가루 1g(생략 가능)

샌드위치 추가 재료

- 달걀 2개
- 토마토 1/5개
- 양배추 원하는 만큼
- 닭표 스리라차 소스 적당량
- 하인즈 머스터드소스 적당량
- 슬라이스 치즈 1장

맛불리 팁

- 샌드위치도 만들기 귀찮은 날은 빵을 만든 다음 피칸 버터나 아몬드 버터 1작은술에 생크림 5g을 섞은 소스에 찍어 먹으면 맛있어요!

동영상이 뾻

볼에 아몬드 가루, 헤이즐넛 가루, 베이킹파우더, 단백질 파우더, 소금, 실론 시나몬 가루를 넣고 섞는다.

①에 생크림과 물을 넣고 섞어 걸쭉한 반죽을 만든다.

기버터 1/2작은술을 전자레인지에 20초간 돌려 녹인 뒤 약불에 예열한 와플팬 위아래에 골고루 바른다.

와플팬에 ②의 반죽을 붓고 평평하게 편 뒤 약불에서 정방향으로 2분 굽고 뒤집어서 1분을 더 구워 빵을 완성한다.

약불에 예열한 와플팬에 기버터 1/2작은술을 바르고, 달걀 2개를 깨뜨려 각각 한 칸씩 차지하도록 올리고 1분간 익힌다.(식은 빵을 사용한다면 옆에 올려 함께 데운다.)

그릇에 ④의 빵 1/4개, 토마토, ⑤의 익힌 달걀 1개, 채 썬 양배추를 순서대로 올리고 스리라차 소스와 머스터드소스를 원하는 만큼 뿌린 뒤 치즈, ⑤의 익힌 달걀 나머지 1개, ④의 빵 1/4개를 순서대로 올려 완성한다.

PART 5

간식도
포기할 수 없다!

간식을 가장 먹고 싶을 때는 언제인가요? 보통 점심에서 저녁 사이가 아닐까 싶은데, 밥을 먹자마자 간식이 생각날 때도 있어요. 다이어터들에게는 아주 힘든 순간이죠. 밥을 충분히 먹었는데도 입맛이 당기는 이유는 무엇일까요?

바로 목마름으로 인한 가짜 배고픔일 가능성이 큽니다. 밥을 먹고 커피나 차를 마시거나, 에너지바나 빵 같은 건조한 음식으로 식사를 대체하면 몸속에 수분이 부족해집니다. 커피나 차는 몸의 수분을 배출하기 때문이에요. 그런데 우리는 배고픔을 이겨내려고 마시기도 하고, 책상에 앉아 일을 하다 보면 종일 두고 한 모금씩 마시기도 해요. 그러면 우리 몸은 목이 마르다는 신호를 배고픈 것으로 인식하곤 합니다. 한마디로 배고픔을 견디려고 마셨는데 더 배가 고파지는 상황이 되어버리는 거죠.

커피나 차는 하루에 한 잔 정도만 마시고, 엄격한 다이어트를 하는 경우에는 아예 마시지 않는 것도 좋습니다. 커피나 차가 인슐린에 미세하게나마 영향을 미칠 수 있어요. 선식, 두유 등 음료 형태의 음식이 다이어트에 도움이 되지 않는 이유는 30쪽에서 설명했습니다. 다이어터라면 수분 보충은 물또는 무첨가 플레인 탄산수로만 하는 것이 가장 좋아요. 하지만 우리가 맹물만 마시며 다이어트하기엔 너무 괴로울 때가 있잖아요? 그래서 이번 장에는 홈 카페 느낌도 살짝(!) 낼 수 있는 진짜 다이어트 음료 레시피 몇 가지를 준비했어요.

그런데 수분을 충분히 섭취했는데도 배가 고프거나 입이 심심하다고 느끼는 경우도 있죠. 그럴 때 과일은 어떨까요? 과일에 들어 있는 비정제 탄수화물은 비교적 혈당을 느리게 올리고, 영양적인 측면에서는 건강한 신체에 꼭 필요한 성분을 제공하기도 합니다. 단, 과잉 섭취하기 쉽고 식욕 증진으로 인해 다이어트에 방해가 될 수 있으니 다이어트 초반에 식욕 조절이 힘든 상태라면 과일도 참는 게 좋고, 식욕 조절이 어느 정도 가능하다면 조금씩 먹어보면서 감량에 얼마나 영향을 미치는지 스스로 관찰해보세요.

대부분의 과일은 탄수화물이 많이 들어 있지만 아보카도, 토마토, 딸기(큰 것 기준 5개 이하)는 그나마 적게 들어 있는 편입니다. 수박, 복숭아, 사과 등은 소량 먹는 것은 괜찮아요. 식욕 조절이 힘들다면 당질이 많은 포도, 감, 귤, 오렌지, 망고, 파인애플과 대부분의 열대 과일류는 피하는 게 좋습니다. 입이 심심한 다이어터들에게 좋은 '입막템'과 간단한 레시피들도 여기에서 소개합니다.

모집 인원
1 밥 먹자마자 배고픈 자
2 배고픔을 아메리카노로 이겨내고 있는 자

지령
진짜 다이어트 음료와 입막템으로 디저트의 유혹을 이겨내십시오.

※ 입막템으로 과식하면 패널티 발생!
　패널티: 다음 한 끼 식사 기회 박탈

○ 성공 보상: 어마어마한 당질의 간식 공격 회피
○ 추가 랜덤 보상: 수분 보충으로 인한 물광 피부
○ 실패 시 디저트 공격 데미지, 단맛 공격 데미지 중 랜덤 패널티

시원한 다이어트를 위해

아이스토마치즈

재료 (1~2회분)

- 크림치즈 50g
- 토마토 1개

선택 재료

- 슬라이스 치즈 1장

맛불리 팁

- 냉동실에 1시간 반 이상 넣어두면 크림치즈 맛이 잘 느껴지지 않아요.

- 파슬리 가루를 뿌려 먹어도 맛있어요.

- 슬라이스 치즈를 16~20등분한 뒤 종이 포일 위에 띄엄띄엄 올리고 전자레인지에 3분 정도 돌려 치즈 과자를 만들어 같이 먹어도 맛있어요.

동영상이 팡

토마토는 씻어 물기를 제거하고 적당한 두께로 썬다.

①의 토마토 위에 크림치즈를 바르고, 냉동실에 1시간 반 정도 넣어두었다 먹는다.

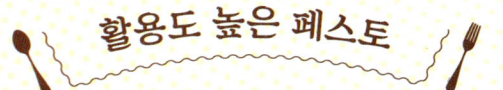

시금치페스토와 깻잎페스토

재료

- 시금치 250g(또는 깻잎 250g)
- 아몬드 5알(또는 아몬드 4알과 호두 1/2알)
- 양파 1/4개
- 마늘 3쪽
- 소금 약간
- 모차렐라 치즈 2큰술
- 올리브 오일 80ml(냉장 보관 시 20ml 추가)

맛불리 팁

- 깻잎페스토는 밀폐용기에 담아 하루 정도 숙성시키면 깻잎 풋내가 사라져서 더 맛있어요.

- 여기에 소개한 레시피는 1회분이 아니라 여러 번 나누어 먹는 양입니다.

- 페스토를 만들 때 보통 파르메산 치즈를 사용하지만 다이어트에 불리한 성분이나 탄수화물이 첨가된 제품이 많아 모차렐라 치즈를 사용했어요. 모차렐라 치즈 고르는 법은 47쪽을 참고하세요.

- 견과류에도 탄수화물이 많이 함유되어 있으므로 정해진 분량보다 더 넣지 않도록 주의하세요.

시금치(또는 깻잎)는 흐르는 물에 씻는다. 흙이 많은 뿌리 쪽을 신경 써서 씻는다.

팔팔 끓는 물에 ①의 시금치를 30초 이내로 데친다. 데친 시금치는 찬물에 헹군 후 물기를 꼭 짜고 체에 밭쳐둔다.(깻잎은 데치지 않는다.)

믹서에 데친 시금치(또는 깻잎)와 아몬드(또는 아몬드와 호두), 양파, 마늘, 모차렐라 치즈, 소금, 올리브 오일 80ml를 넣고 간다.

냉장 보관할 때는 유리 용기에 담은 뒤 올리브 오일 20ml를 부어 전체적으로 덮어 놓으면 조금 더 신선하게 먹을 수 있다.

냉동 보관할 때는 지퍼 백에 담아 넓게 펼치고 공기를 뺀 뒤 밀봉한다. 사진과 같이 일정한 크기로 눌러 모양을 잡아두면 먹을 때 더 간편하다.

페스토카나페

재료 (5회분)

○ 슬라이스 치즈 1장
○ 시금치페스토 또는 깻잎페스토 적당량

선택 재료

○ 바질 가루 적당량

맛불리 팁

• 아이스토마치즈에 활용해도 좋은 치즈 과자입니다. 치즈는 한 번에 1장만 드세요.

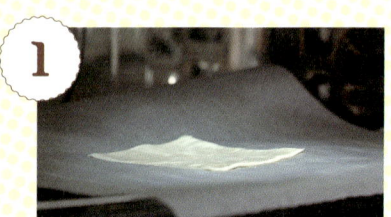

종이 포일 위에 슬라이스 치즈 1장을 올리고 취향에 따라 바질 가루를 뿌린 뒤 전자레인지에 2분 30초간 돌린다. 치즈가 충분히 바삭해지지 않았다면 30초씩 더 돌려보며 바삭하게 만든다.

바삭해진 치즈를 4등분하고 시금치페스토나 깻잎페스토를 얹는다.

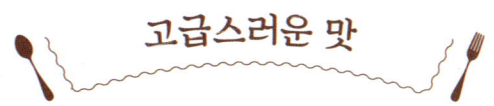

고급스러운 맛

페스토토마토

재료

◯ 토마토 1개

◯ 시금치페스토 또는 깻잎페스토 적당량

맛불리 팁

• 토마토가 없다면 방울토마토 5~6개 정도로 만들어보세요.

1 토마토를 7등분 정도로 썰어 그릇에 가지런히 놓는다.

2 시금치페스토나 깻잎페스토를 얹는다.

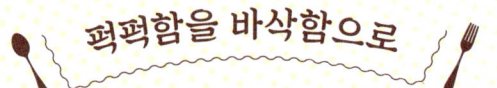

퍽퍽함을 바삭함으로

닭가슴살과자

재료

○ 닭 가슴살 한 덩이(100~140g)
  또는 닭 안심살 네 덩이(120~130g)

○ 소금·후추 약간씩

선택 재료

○ 닭표 스리라차 소스 또는 페스토 적당량

🥢 **맛불리 팁**

• 취향에 따라 스리라차 소스나 페
  스토를 찍어 먹으면 다른 맛을
  즐길 수 있어요.

• 밀대가 없다면 유리병을 사용해
  보세요.

닭 가슴살은 얇게 저민다. 안심살은 저미지 않아도 된다.

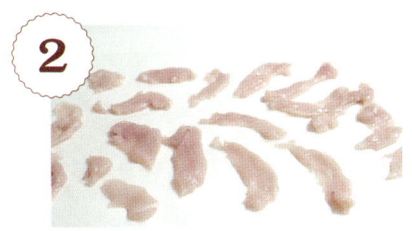

종이 포일 위에 ①의 고기를 간격을 두고 펼쳐둔다.

② 위에 종이 포일을 올리고 밀대로 민다. 뭉치는 부분이 있으면 바삭하지 않으므로 최대한 얇게 미는 것이 중요하다.

③의 고기에 취향에 따라 소금, 후추를 뿌려 간을 한다.

④를 전자레인지에 넣고 바삭해질 때까지 7~10분간 돌린다.

⑤를 먹기 좋은 크기로 부순다.

김부각

재료

○ 닭 가슴살 한 덩이(100~140g)
  또는 닭 안심살 네 덩이(120~130g)

○ 소금·후추 약간씩

○ 무가미 김 1장

선택 재료

○ 바질 가루 적당량

○ 닭표 스리라차 소스 또는 페스토 적당량

🥄 맛불리 팁

• 취향에 따라 스리라차 소스나 페스토를 찍어 먹으면 다른 맛을 즐길 수 있어요.

• 밀대가 없다면 유리병을 사용해 보세요.

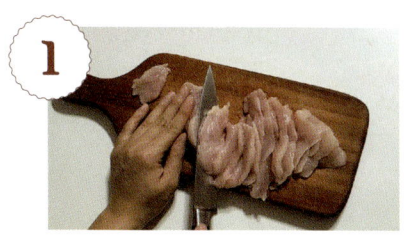

1 닭 가슴살은 얇게 저민다. 안심살은 저미지 않아도 된다.

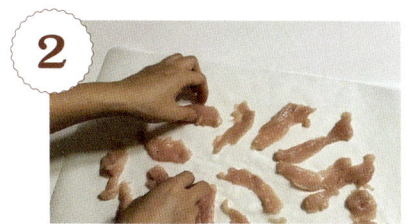

2 종이 포일 위에 ①의 고기를 간격을 두고 펼쳐둔다.

3 ② 위에 종이 포일을 올리고 밀대로 민다. 뭉치는 부분이 있으면 바삭하지 않으므로 최대한 얇게 미는 것이 중요하다.

4 ③의 고기에 취향에 따라 소금, 후추를 뿌려 간을 한다. 바질 가루도 뿌리면 맛있다.

5 ④ 위에 무가미 김을 붙인다.

6 ⑤를 전자레인지에 넣고 바삭해질 때까지 7~10분간 돌린 뒤 먹기 좋은 크기로 부순다.

라면땅

재료

○ 두부면 100g

선택 재료

○ 슬라이스 치즈 1장

○ 바질 가루 적당량

○ 닭표 스리라차 소스 또는 페스토 적당량

맛불리 팁

• 취향에 따라 스리라차 소스나 페스토를 찍어 먹어도 맛있어요.

두부면은 제품 안에 있는 물을 모두 버리고 키친타월로 물기를 충분히 제거한다.

①에 취향에 따라 바질 가루를 뿌리고 종이 포일에 평평하게 올린 뒤 전자레인지에 5분간 돌린다. 전자레인지 사양에 따라 시간은 다를 수 있으니 바삭해질 때까지 돌린다.

원하는 경우 ② 위에 슬라이스 치즈를 얹어서 다시 전자레인지에 3분간 돌린다.

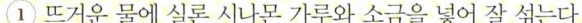

어쩌면 커피 대신 즐길 수도 있는

시나몬물

재료

○ 실론 시나몬 가루 1작은술

○ 소금 약간

○ 물 200ml

✎ 맛불리 팁

• 시나몬을 많이 넣을수록 효과가
더 좋아지는 것은 아니니 적정량
만 넣어 드세요.

① 뜨거운 물에 실론 시나몬 가루와 소금을 넣어 잘 섞는다.

② 30분 정도 우리는 게 효과적이다.

동영상이 똭

232

방탄커피

재료

○ 아메리카노(또는 블랙커피) 1컵

○ 기버터(또는 100% 동물성 버터) 3작은술

○ MCT 오일(또는 코코넛 오일) 1작은술

✎ 맛불리 팁

• 방탄커피를 단지 살 빠지는 음료라고 오해하는 사람이 많습니다. 한 끼 식사 대용으로 마시거나 간헐적 단식을 하는데 식욕을 참기가 너무 어려울 때 마시면 좋은 음료입니다.

① 머그컵에 기버터와 MCT 오일을 넣고 커피를 붓는다.

② 우유 거품용 거품기로 섞는다.(티스푼으로 저으면 잘 섞이지 않는다.)

동영상이 똭

여름에 기분 전환용으로 딱 좋은
레몬식초탄산수

재료

○ 플레인 탄산수 1컵

○ 레몬즙 1큰술

○ 자연 발효 사과식초 1큰술

○ 얼음 원하는 만큼

맛불리 팁

• 레몬즙 대신 칼라만시즙이나 라임즙도 넣어 드셔보세요. 설탕이나 감미료가 없는 제품으로 선택해야 하며, 과일을 사서 직접 즙을 내 사용하는 것이 가장 좋습니다. 직접 만든 즙을 사용한다면 양을 조금 줄여도 됩니다.

동영상이 뙇

유리컵에 플레인 탄산수를 2/3 정도 채우고 식초와 레몬즙을 넣는다.

남은 플레인 탄산수와 얼음으로 잔을 마저 채운다.

솔직히 간식까지 만들어 먹긴 힘들다면
맛불리의 추천 간식 11

밥 해먹기도 힘든데 간식까지 만들어 먹고 싶지 않은 분들 많으시죠? 사실 간식은 식사 외에 추가로 먹는 것이기 때문에 다이어트 중에는 먹지 않는 게 가장 좋지만, 간식 없는 일상은 너무 재미없잖아요. 간식은 하루 한 번, 간헐적 단식 시간이 아닌 식사 가능한 시간에 드시는 걸로!

주의 1 영양 성분표는 제품마다 크게 차이 나는 경우도 있고, 농산물은 지역이나 생산 방법에 따라서도 성분에 차이가 있으니 정확하다고 볼 수는 없어요. 참고용으로만 보세요.

주의 2 '제안'은 맛불리가 저탄수화물 다이어트 중에 먹는다면 어느 정도 섭취할지, 개인적인 기준으로 적은 수치입니다. 체질과 식사 정도에 따라 적정량은 다를 수 있습니다.

주의 3 칼로리는 저탄수화물 다이어트에서는 크게 신경 쓰지 않아도 괜찮아요.

1 무가당 요거트

제안 제품 뒷면의 영양 성분표를 보고 잘 고르면 100g당 탄수화물 5g 미만인 제품이 있어요. 탄수화물이 전혀 없는 것은 아니니 간식으로는 하루에 100~150g 이하로 섭취합니다. 견과류를 곁들여 먹는다면 아몬드 2알 정도까지만 다져 넣어 드세요. 견과류는 탄수화물 함량이 은근히 높으니까요!

제품군 자료출처	요거트 (상하목장 유기농 요구르트 플레인)

영양정보

100g당	60 Kcal
나트륨	50 mg
탄수화물	**4.5 g**
식이섬유	−g
당류	**4.5 g**
지방	3.5 g
트랜스지방	0 g
포화지방	2.1 g
콜레스테롤	12 mg
단백질	3 g
칼슘	100 mg

2 토마토

제안 토마토는 한 개의 무게가 100~220g 정도입니다. 100g당 당질은 약 1.7g이고 식이섬유가 풍부해요. 생으로 드신다면 최대 2개까지는 나쁘지 않아요. 다만 익혀 드신다면 1개 이내로 드시는 게 좋습니다.

제품군 자료출처	토마토 식품의약품안전처

영양정보

100g당	19 Kcal
나트륨	2 mg
탄수화물	**4.26 g**
식이섬유	2.6 g
당류	**2.37 g**
지방	0.17 g
트랜스지방	0 g
포화지방	0.04 g
콜레스테롤	0 mg
단백질	1.03 g
칼슘	9 mg

3 방울토마토

제안 방울토마토는 한 개의 무게가 10~20g 정도인데요, 영양 성분표를 보면 일반 토마토보다 방울토마토가 당질을 조금 더 가지고 있습니다. 맛불리는 한 번에 8개 이내로 먹어요.

제품군 자료출처	방울토마토 식품의약품안전처

영양정보

100g당	25 Kcal
나트륨	5 mg
탄수화물	**6.02 g**
식이섬유	2.1 g
당류	**3.89 g**
지방	0.13 g
트랜스지방	0 g
포화지방	0.04 g
콜레스테롤	0 mg
단백질	1 g
칼슘	10 mg

4 딸기

제안 딸기는 당질이 100g당 약 5.3g으로 제법 높은데요. 품종에 따라 무게 차이가 크기 때문에 작은 것은 6개 이내로, 큰 것은 3개 이내로 먹는 것이 적당합니다.

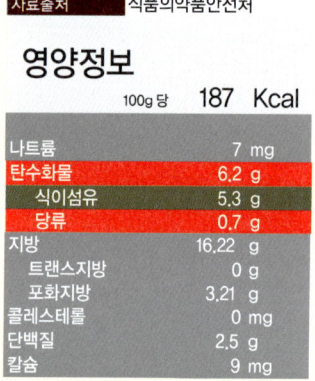

| 제품군 | 딸기 |
| 자료출처 | USDA |

영양정보

100g 당 **35 Kcal**

나트륨	10 mg
탄수화물	7.13 g
식이섬유	1.8 g
당류	5.34 g
지방	0.17 g
트랜스지방	0 g
포화지방	0 g
콜레스테롤	0 mg
단백질	0.64 g
칼슘	12 mg

5 아보카도

제안 아보카도는 식이섬유가 매우 풍부해요. 100g당 당질이 약 1g밖에 되지 않습니다. 다만 지방 함량이 높은 편인데요, 저탄수화물 다이어트는 지방 함량을 크게 신경쓰지 않는 편이지만 그렇다고 심하게 많이 섭취하면 살이 찌겠죠. 아보카도는 껍질과 씨앗을 제거하면 한 개당 80~160g 정도이며, 간식으로는 1개 정도 드시면 충분할 것 같습니다.

| 제품군 | 아보카도 |
| 자료출처 | 식품의약품안전처 |

영양정보

100g 당 **187 Kcal**

나트륨	7 mg
탄수화물	6.2 g
식이섬유	5.3 g
당류	0.7 g
지방	16.22 g
트랜스지방	0 g
포화지방	3.21 g
콜레스테롤	0 mg
단백질	2.5 g
칼슘	9 mg

6 치즈

제안 이 영양 성분표는 체다 슬라이스 치즈 기준인데요, 간식으로 체다 슬라이스 치즈도 좋지만 스트링 치즈도 간편하게 먹기 좋습니다. 치즈는 특히 트랜스 지방 함량을 잘 보고 섭취하는 게 좋아요. 아무리 좋은 치즈여도 자연적인 트랜스 지방 함량이 존재하기 때문입니다. 간식으로는 슬라이스 치즈 기준으로 2장 이하가 좋겠습니다.

제품군 자료출처	치즈 (드빈치 체다 슬라이스 치즈)

영양정보

100g 당 — 389 Kcal

나트륨	641 mg
탄수화물	1.1 g
식이섬유	- g
당류	0.6 g
지방	32 g
트랜스지방	1.8 g
포화지방	21 g
콜레스테롤	120 mg
단백질	23.5 g
칼슘	650 mg

영양정보

슬라이스치즈 1매당 — 70 Kcal

나트륨	115 mg
탄수화물	0.2 g
식이섬유	- g
당류	0.1 g
지방	5.6 g
트랜스지방	0.3 g
포화지방	3.7 g
콜레스테롤	21 mg
단백질	4.2 g
칼슘	116 mg

7 무가미 김

제안 가미된 김은 다이어트에 불리한 첨가물들이 있기 때문에 다이어트에는 무가미 김을 드시는 게 좋아요. 영양 성분표를 10g당으로 표시한 이유는 김의 무게가 워낙 가볍기 때문입니다. 김밥용 김 크기 기준으로 한 장당 2g 정도예요. 무가미 김은 10장을 먹어도 부담이 없습니다. 맛이 조금 심심하다면 소금을 살짝 뿌려 드시는 정도는 괜찮아요.

제품군 자료출처	무가미김 광천우리맛김파래무가미

영양정보

10g 당 — 18 Kcal

나트륨	20 mg
탄수화물	2 g
식이섬유	2 g
당류	- g
지방	0 g
트랜스지방	0 g
포화지방	0 g
콜레스테롤	0 mg
단백질	2 g
—	— —

8 아메리카노

제안 아메리카노는 탄수화물이 거의 없어 다이어트 중에 부담 없이 드실 수 있는 몇 안 되는 음료입니다. 그렇지만 카페인 함량이 높기 때문에 하루에 1잔 정도가 적당할 것 같습니다. 간혹 간헐적 단식 시간에 아메리카노를 드시는 분들도 있는데, 단식에 미치는 영향이 미미하지만 없진 않으니 주의하는 게 좋습니다. 커피는 머신으로 바로 내려먹는 것보다 필터로 나쁜 성분을 한 번 거를 수 있는 드립커피가 더 좋다고 해요.

제품군 자료출처	아메리카노 식품의약품안전처	
영양정보		
100ml 당		**3 Kcal**
나트륨		15 mg
탄수화물		0 g
식이섬유		0 g
당류		0 g
지방		0 g
트랜스지방		0 g
포화지방		0 g
콜레스테롤		0 mg
단백질		0 g
–		– –

9 삶은 달걀

제안 삶은 달걀은 대란, 특란 기준으로 60~68g 정도라고 합니다. 이 영양 성분표에는 탄수화물이 2g정도인데, 다른 영양 성분표에는 탄수화물이 0g인 경우도 있어요. 단백질이 살짝 들어 있는데, 단백질도 너무 많이 먹으면 잉여 단백질을 몸에서 당으로 전환시키기 때문에 간식으로는 2개 이내로 섭취하는 것이 좋아요. 소금이나 닭표 스리라차 소스를 찍어 드시면 맛있어요!

제품군 자료출처	삶은달걀 식품의약품안전처	
영양정보		
100g 당		**143 Kcal**
나트륨		140 mg
탄수화물		2.19 g
식이섬유		0 g
당류		0.17 g
지방		7.63 g
트랜스지방		0.04 g
포화지방		2.72 g
콜레스테롤		305.56 mg
단백질		13.94 g
칼슘		52 mg

10 순두부

제안 두부는 제품에 따라 탄수화물 함량이 제법 많은 경우도
있으니 구매하기 전에 탄수화물 함량을 꼭 확인하고 구
매하는 게 좋아요. 컵 순두부 같은 제품을 구비해두면
한 팩 정도는 간식으로 무난하게 드셔도 좋습니다. 간장
한 숟가락 뿌려 드시면 더 맛있어요!

제품군 자료출처	두부 ,순두부 식품의약품안전처

영양정보

100g 당   42 Kcal

나트륨	4 mg
탄수화물	0.69 g
식이섬유	0.3 g
당류	0.6 g
지방	1.29 g
트랜스지방	0 g
포화지방	0.19 g
콜레스테롤	0 mg
단백질	6.85 g
칼슘	15 mg

11 저탄수화물 드레싱을 뿌린 샐러드

제안 채소를 좋아하시는 분들에겐 샐러드는 좋은 식사이자 간식이에요. 샐러드용 세척 채소를
마트나 편의점에서 쉽게 구매할 수 있어 편리하죠. 70쪽에 소개한 드레싱을 뿌려 드셔보세
요. 그리고 앞에 소개한 간식 모두 샐러드에 응용하기 좋은 재료들이므로 조합해서 샐러드
를 만들면 만족스러운 간식이 될 거예요! 녹색 잎 생채소는 드시고 싶으신 만큼 드셔도 좋
습니다.

부록

배달 음식이 간절할 때
타락 식단

음식이 맛있다고 느끼게 하는 가장 쉬운 방법은 지방과 정제 탄수화물을 섞는 것입니다. 초콜릿, 과자, 빵, 케이크, 떡볶이, 튀김, 자장면, 양념 고기 등의 음식들, 특히 배달 음식은 참 맛있어요. 지방과 탄수화물, 단백질이 환상의 비율로 어우러져 뇌의 깊숙한 곳에 속세의 맛을 심어놓습니다. 한 번만 맛봐도 중독되는 자극적인 맛이라 잊으려야 잊을 수가 없지요. 문제는 지방과 정제 탄수화물을 조화롭게 섞어놓은 음식들은 에너지를 과잉 공급하기 때문에 뱃살로 직행한다는 점입니다.

다이어트 식단은 실제로 먹고 싶은 음식이 아닌 살을 빼기 위한 음식이기 때문에 먹다 보면 물리기도 하고, 때로는 새로운 자극이 간절합니다. 그러나 걱정하지 마세요. 우리에겐 먹고 싶은 음식을 다 먹을 수 있는 '치팅데이'라는 마법의 시간이 있습니다. 일주일에 단 한 번 최애 음식과 생이별한 자신에게 일탈을 허락하는 시간, 치팅데이!

치팅데이는 '돼지력'을 상승시킨다는 것을 우리는 이미 알고 있어요. 그럼에도 포기할 수 없고, 실제로 장기적인 다이어트를 위해서는 일주일에 한 끼 정도는 꼭 필요하다고도 생각합니다. 먹고 싶은 음식을 참기만 하다 보면 언젠가 그 욕구가 폭발해버리기 마련이니까요.

하지만 다이어트를 시작한 지 얼마 되지 않았거나 식욕 조절이 원활하지 않은 시기라면 조심하세요! 치팅데이는 다이어트를 지속할 수 있는 에너지를 주기도 하지만, 잠시 잊고 있던 속세의 맛을 일깨울 수도 있기 때문에 양날의 검이라고 할 수 있어요. '이 정도는 괜찮겠지' 하면서 배달 음식을 시키는 순간, 이성의 끈이 끊기면서 하루, 이틀, 사흘, 점점 속세의 음식과 다시 친해지고, 애써 이별했던 뱃살들도 다시 보게 될 겁니다.

그래서 살도 찌고 식욕도 상승하는 위험을 감수하고 '치팅데이'를 즐기는 것보단, 조금 덜 건강하더라도 살은 빠지면서 속세의 맛에 한층 더 가까운 '타락 식단'을 준비했습니다. 자기합리화일 수도 있지만(뜨끔), 최애 음식을 애타게 그리워하느니 어쩌면 조금 나은 선택이 될 수도 있답니다.

※ 주의 맛불리는 단지 칼로리가 낮은 음식을 먹는 것이 아니라 '건강한 몸'이 되면서 자연스럽게 살도 빠지는 음식과 식사법을 지향합니다. 하지만 타락 식단은 예외예요. 저탄수화물 식재료로 구성하기 때문에 지방 저장 호르몬인 인슐린 자극을 최소화해 살이 빠지게 만드는 원리는 충족시키지만, '입맛을 돋우어 다이어트를 지속하기 어렵게 만드는 성분'과 '소화 흡수가 너무 빨라서 배고픔을 유발'할 수 있는 액체 음식, 그리고 건강과 관련 없는 성분이 다수 포함되어 있어요. 치팅데이에 먹는 음식과 매우 유사하기 때문에 방심하면 식욕이 증가할 수 있으므로 참을 수 없이 자극적인 음식이 먹고 싶을 때만 간헐적으로 이용하는 게 좋겠습니다.

맛불리 다이어트 지령서

모집 인원
1 배달 음식이 당기는데 살찌기는 싫은 자
2 저탄수화물 다이어트가 낯선 초보자

지령
타락한 식단으로 입맛을 달래 배달 음식의 유혹을 이겨내시오.

※ 잔꾀로 레시피를 변형하거나 패널티를 무시할 시 부작용 발생!
　패널티: 과용 시 건강지수 하락, 돼지력이 상승하는 저주에 걸림
　식욕 자극 요소 포함! 다이어트 난이도 상승
　건강과 관련 없는 식재료 포함! 과용 시 살 빠지는 속도 저하

○ 성공 보상: 뱃살 뽀짝
○ 추가 랜덤 보상: 어쩌면 턱살과 팔뚝 살도 함께 뽀짝
○ 실패 시 식욕 폭발, 배달 앱 폭풍 검색, 디저트까지 주문 중 랜덤 패널티

치팅데이와 다이어트 사이

부대찌개

재료

양념

○ 고춧가루 1/2큰술

○ 다진 마늘 2쪽 분량

○ 간장 2큰술

○ 참치액(꼭 당질 없는 제품 사용) 3큰술

○ 된장 1/3작은술

부대찌개

○ 소시지(작은 것) 2개

○ 스팸 100g 이하(선택)

○ 양파 1/2개

○ 팽이버섯과 두부(원하는 비율로) 200g

○ 고추 1개

○ 간 고기 100g

○ 물 300ml

○ 천사채면 원하는 만큼(선택)

동영상이 쌩

맛볼리 팁

• 콜리플라워 라이스 150g과 밥 50g을 섞고 무가미 김가루를 원하는 만큼 뿌린 뒤 참기름 1큰술을 넣고 비벼서 함께 먹으면 더 맛있어요.

 볼에 양념 재료를 모두 넣고 섞어둔다.

 스팸, 소시지, 양파, 고추, 두부는 적당한 크기로 썬다.

 냄비에 ②의 재료와 간 고기, 팽이버섯, ①의 양념장을 넣고 물을 부어 국물이 자작해질 때까지 끓인다.

 원하는 경우 ③에 천사채면을 넣고 15초 정도 더 끓이고 불을 끈다.

순두부찌개

재료

○ 무향 정제 코코넛 오일 평평하게 1큰술

○ 고춧가루 소복하게 1큰술

○ 돼지고기 또는 소고기 200g

○ 순두부 1팩(되도록이면 국산 콩 제품)

○ 물 200ml

○ 새우젓 1작은술(짠물 제거 후 사용)

○ 까나리액젓 1~2큰술

선택 재료

○ 칵테일 새우(작은 크기) 5마리

○ 달걀 1개

○ 대파 약간

맛불리 팁

• 국물 음식은 소화 흡수가 너무 빠르기 때문에 배고픔이 빨리 느껴져요. 건더기 위주로 먹고 국물은 조금만 드세요.

• 콜리플라워밥(64쪽 참조)에 참기름과 녹색 잎 생채소를 넣고 비벼 곁들여 드세요.

매우 약한 불에 냄비를 올리고 코코넛 오일을 두른 뒤 고춧가루를 볶는다. 고춧가루는 매우 잘 타기 때문에 약불에서 잘 볶아야 한다. 탄 고춧가루는 몸에 좋지 않으므로 만약 태웠다면 처음부터 다시 한다.

①의 오일이 빨갛게 물들면 고기를 넣어 볶는다. 덩어리 고기일 경우 익히면서 자른다.

기호에 따라 칵테일 새우를 넣는다.

순두부와 물을 넣고 센 불에 끓인다.

새우젓과 까나리액젓을 넣고 간을 본다. 약간 싱거우면 1/2큰술 정도 더 넣는다.

기호에 따라 달걀을 넣고 대파를 송송 썰어 올린다.

찾아보기